你多厲害

真的沒人在乎

沒有知心好友,超容易被討厭?

就是因為你太囂張!

林庭峰 著

「你那個不算什麼!我上次......」

「你只賺這麼一點太少了啦,還不如來我公司......」

「現在只會英文沒什麼用,像我就有去學......」

這種假聊天,真炫耀的人類,真的超級顧人怨!

目錄

目錄

三、自恃者不彰，自矜者不長

目錄

前言

在現實生活中，有許多人個性張揚，率意而為，不會委曲求全，結果往往是處處碰壁。而涉世漸深後，才知道了輕重，分清了主次，學會了內斂。

其實，歲月帶給我們的絕不應止於表面的成長，而應是底蘊的增加，張揚不應該是浮華的較勁、物慾的比拼，而應該是低調的深沉、儒雅、寬容和解人！

如果你是個成功人士，何必張揚到市井街巷，人多眾廣，盡可以偷偷的竊喜，低調的陶醉。如果你優秀，何必像乳臭未乾的孩子，唯恐世人不知道，急於張揚自己的得意呢？

過於張揚，烈日會使草木枯萎；過於張揚，江水會決堤。過於張揚，會使我們變得瘋狂，偏離生活的軌道。過於張揚就成了張狂。張狂是幼稚的表現，它可能會讓你跌入萬丈深淵。

「韓信點兵，多多益善」，面對著劉邦別有用意的提問，韓信低頭看著棋局，漫不經心地回答。在關鍵時刻，他不懂得低調，依然口出狂言。殊不知他這句話更加堅定了劉邦要滅掉他的決心。張狂使他將自己推向死亡。

我們要懂得學會低調。低調是寒冷時送來的一衣溫暖，是酷熱時送來的一陣涼意，是口渴時的一壺清涼，是下雨時的一傘叮嚀。

前言

　　低調的人生態度比高調更為難得；低調的氣質，比高調的姿態更富有魅力；低調的方法，比赤裸的炒作更容易實現你的目標！達文西說得好：「微少的知識使人驕傲，豐富的知識使人謙遜，所以空心的禾稈高傲地舉頭向天，而充實的禾穗卻低頭向著大地，向著它們的母親。」對於所有的人來說，心可以激昂，但是行為卻應該低調，這就是之所以要低調的道理。低調並不是無奈之舉！

　　按照美國社會心理學家馬斯洛的話：人的需求是從外部得到的滿足逐漸向內在得到的滿足轉化。人們是在滿足了「生理需求」、「安全需求」、「社交需求」、「尊重需求」之後，才會完成人類最高級的需求——「自我實現需求」。人的滿足是呈階梯狀的，首先必須滿足了基本的需求，然後才能夠談得上高級的需求。而「自我實現」則是最高的心理需求，自我實現意味著充分地、全神貫注地體驗生活。它是內在的，不是外在的。它關注自己內心的體驗，它是在實現一種內在的精神要求。馬斯洛說：「有了自我實現需求的人，就會竭盡所能使自己趨於內在的完美。」選擇低調生活的人們就是如此，他們都是在外在需求滿足後，最終回歸內心，最後他們選擇了低調。

　　張揚未必長久，低調未必短暫。對於做人來說，還是低調些好。不顯眼的花草少遭摧折，只有低調，才能心無旁騖，專注做好眼前的事，才能成就未來！

　　「雁過留聲，人過留名」。人生在世，要留下點痕跡，留下

個好名聲，終歸要靠做一些有益於社會的事情，故選擇低調做
人是為上策。

一、貴以賤為本，高以下為基

　　繁華不會長久，一切榮辱都是交替變化的，尊貴是以卑賤為根本的，高是以下為根基的，卑下是一切高高在上的基礎。因此，瞭解了貴賤、高下的辯證關係，做人就不要太張揚，過於張揚就會自取其辱，而凡事懂得處下、居後的人才能長久地立於不敗之地。

看輕面子，放下架子

　　有位哲人講得好：「面子是卑微的鏡子，架子是愚昧的影子。」有「面子」很風光，有了「面子」可以提高自己的形象。但「面子」是給別人看的，是不很實在的東西，做實在事，講究「面子」會很礙事。蓋樓需要搭架子，「架子」可以把人抬到與樓一般高，沒有了「架子」，人就達不到那樣的高度。但有了「架子」很不方便，彎不下腰，轉不了身，脖子和眼睛都不靈活。「面子」看上去斯文得很，其實陳腐得很，「架子」看上去威風得很，其實虛弱得很。

　　面子是好東西，要面子固然沒錯，但不要去死要面子，那樣只會令你活活地受罪。有一位退休的機械工程師，也許是因為職業的關係，他對所做事情的精確程度非常地關心，甚至於到了苛刻的程度。他認為一個被他人揪出錯誤的人就活像個笨蛋一樣，無論錯誤是因為不準確的測量也好，觀測的角度不對也好，是錯誤的結論，還是無效的評估，這些對他來講都一樣，他最喜歡說的一句話是：「你不可以在別人面前丟臉。」事實上，只要是人皆會出錯，這位工程師也不例外，為了保全面子，即使他心裡知道自己做錯了事，也會在大庭廣眾之下裝出一副自己沒有錯的樣子。更為可笑的是，他對不知道的事情也會裝出一副很懂的樣子，在他身邊工作的人當然很受不了他這一點，為此，這位工程師失去了很多人的喜愛和尊敬。愛面子的人就是這樣，寧可吃悶虧、吃暗虧，但就是不能吃「沒有面

子」的虧。

華人最愛面子，更準確地說，是用面子維護自己的尊嚴。為了尊嚴，士可殺而不可辱；三軍可奪帥，匹夫不可奪志；寧為玉碎，不為瓦全；寧可站著死，不願跪著生；腦袋掉了可以，但絕不能沒有面子。西楚霸王項羽和劉邦爭奪天下，項羽兵敗走烏江，本來他是可以乘坐漁船逃走的，但因為他覺得沒有面子回去面對江東父老，結果他放棄了，選擇了自刎。他的死成全了他的面子，但卻使他喪失了東山再起的機會。

面子既不能不要，也不能都要。我們一定要對這個問題有一個正確的認識。否則，自己為了要面子，而實際上往往是丟了面子。在很多時候，我們不得不承認，正是「面子」把人拒之於財富和機會的門外。有許多人失業，寧願呆在家裡吃「老本」，也不願二次就業；或者重新找工作的時候，挑肥揀瘦，嫌髒怕累，認為做這類工作很沒「面子」。而殊不知作為一個有勞動能力的成年人，能夠自食其力才是最基本的面子。

同樣，架子也不能總端著，該放的時候也要放一放。現實生活中，有很多人被過去的背景、學識、專長所局限，放不下架子，結果常常落到進退兩難的光景。

有一個農場主新雇了一個工人，上工第一天，他們二人在築圍籬。農場主手裡拿的一根木柱突然掉落到泥坑裡，泥水玷污了他們的衣服。農場主人雖然表現得很狼狽，但似乎是故意這樣做的。

當時站在屋內洗碗的女主人看到了這個情形。

農場主人回答太太的好奇時說：「我也不想這樣做，但那個小夥子穿著新工作褲，整天只顧保持褲子的乾淨而沒有好好築圍籬。你有沒有注意到泥水濺汙了他的工作褲後，我們的工作快了很多呢！」

其實，故事中包含的道理顯而易見，可現實中卻往往被人忽視。

放不下架子只會使自己痛苦，也失去了再前進的空間。

現如今，大學教育從「精英教育」向「大眾教育」轉換，大學生不再是稀缺資源，因此，住在象牙塔裡的莘莘學子在走出校門步入社會自謀職業時，應放下「天之驕子」的架子，從零做起，先解決生存問題，再謀發展。然而有不少人卻認為擠不進大公司，坐不進國家辦公室當個公務員，或找不到個體面的「知名企業」、「高薪工作」，就不能「實現自我價值」，就是「丟臉」。這種心態使得許多大學生成了高不成、低不就的狀態，剛剛成為大學「畢業生」，馬上就變成了「待業人口」。

韓國有一名大專畢業生，剛開始在一家公司應聘了一份低薪的體力工作，幾個月後，老闆逐漸發現其能力不俗，於是委以重任，而該大專生因為有了基層工作的積累，在高管的位子上當然做得如魚得水，賺足了面子。我們需要效法的，除了「低就」的就業策略，更重要的是成熟、務實的心態，要最大限度地利用自己的智慧以求實現自我價值，這才是最主要的。

面子和架子雖然是兩個不同的概念，但卻聯繫非常緊密。

有些人認為放下了架子就會丟了面子，有了面子就可以端起架子。殊不知，如果真能放下架子，說不定會爭得更多的面子。如今已不再是等級制度森嚴的年代，人們也都崇尚自由，崇尚互相尊重。將心比心，以心換心，誰也不會因為你放不下架子反而會給足你面子。所以要看輕面子，放下架子，踏踏實實做事，輕輕鬆鬆做人，豈不樂哉？

先予後取，以退為進

「將欲取之，必先予之」。「先予後取」的意思是說，要得到別人的好處，必須要先給予對方一定的好處。正所謂：捨得，捨得，有捨才有得。「以退為進」則是用貌似與本意相悖的言行，即退下的方法，取得優勢，而最終取得更大進展的策略。「予」與「退」是手段，「取」和「進」是目的。所謂「君子不言利，利就在其中」，這句話可以說是「先予後取，以退為進」的精髓所在。

「先予後取，以退為進」的成功要領在於不計當前利益，而著重長遠利益，吃小虧，占大便宜，所有的退卻都是為將來更大的發展做鋪墊。有時，迂迴而行要比盲目前行可靠得多。隨著社會的發展，這一謀略也被成功地運用到各行各業，被演繹發揮得淋漓盡致。

美國可口可樂公司更是將這一策略發揮到了極致，為了打

一、貴以賤為本，高以下為基

開中國市場，可口可樂公司不是一開始就向中國傾銷商品，而是採取先無償向中國提供價值 400 萬美元的可樂灌裝設備，花很大力氣在電視上做廣告，提供低價濃縮飲料，吊起你的胃口，使你樂於生產和推銷美國的可樂，而一旦市場打開，再要進口設備和原料，他就要根據你的需要情況來調整價格，抬高價格收錢了。

10 年來，美國的可口可樂風行中國，生產企業由一家發展到 8 家，銷量、價格也成倍成長。美國商人賺足了錢，無償給中國設備的投資早已不知收回幾倍，這就是先讓你嘗到些甜頭割捨不掉，然後再實施自己的計畫。

採取「欲取先予，以退為進」的方法之所以容易成功，就在於它符合人們禮尚往來的心理活動規律。一般而言，不論辦什麼事其實都是對某種利益的追逐。而要在社會上獲得某種利益，就必須保持一種相對穩定的利益平衡關係。也就是說，在利益問題上不能總是一頭熱，一頭冷，不能只是讓對方一味地付出，而要讓他們在付出之前或付出之後總得有所得。這種獲得當然不限於物質上的，也包括精神上的，感情上的。所以，正是基於這樣一種利益平衡關係，我們才有了「欲取先予，以退為進」的借力之道。

古人早就通達明瞭這一道理，因此老子說：「將欲歙之，必故張之；將欲弱之，必故強之；將欲廢之，必故興之；將欲取之，必故與之。是謂微明。」《史記》中也記載著這樣一個以退為進

的故事。

　　楚莊王十分喜愛一匹馬，可是這匹馬因過於養尊處優，得了肥胖症死了。於是楚莊王命令朝中大臣為死馬致哀，並要用一棺一槨裝殮，按當時楚國大夫的禮節舉行葬禮。文武百官紛紛勸阻，令莊王大為惱火，於是下令誰要是再勸阻我，一定判他的死罪。

　　當時宮中有個叫優孟的人，進宮來便號啕大哭。莊王問他為什麼哭。優孟說：「這匹馬是大王最心愛的馬，以楚國之大，什麼東西弄不到！現在卻只以大夫的葬禮來辦喪事，實在太輕慢了！我請求用侯王的禮儀來埋葬。」

　　楚莊王一聽非常高興，便問：「依你看來，怎麼個埋葬法呢？」

　　優孟說：「最好用雕琢的白玉作棺材，以精美的梓木做外槨。還要建造一座祠廟，立上牌位，追封它為萬戶侯。這樣天下的人就知道，大王是輕賤人而重馬了。」

　　楚莊王一聽，如夢初醒：「我的錯竟到了這種地步！」

　　優孟說服楚莊王不以人的禮節葬馬，不是直言相阻，而是以退為進，先消除了楚莊王的對抗情緒和排斥心理，最終達到了勸阻的目的。

　　現實生活中也會這樣，有時迂迴前進，反而比走直路更容易到達目的地。正如不能垂直地攀登而上，但可以繞著山路環行，最後便能省力到達山頂。捕魚時，我們要把河裡的水一點

點地淘乾，才能讓魚兒自己暴露出來，這時，我們就可以輕鬆地抓到魚了。相反，如果真跳到水中亂抓一通，那樣恐怕一條魚都不會撈到。

在當今社會，每個人的人生際遇變化萬千、無法預測，如果碰到較大起伏的時候，就應該採用「先予後取，以退為進」的謀略。因為這種方法不只會為你的一生找到安頓之處，也會給你提供尋找更多的機會。

不過，運用「先予後取，以退為進」的方法也要把握好分寸。「欲取」的目標必須有暫時的隱蔽性，且在未暴露之前投其所好，這就需要你放低姿態，先讓對方嘗到甜頭，待對方嘗得高興了，再順勢把自己「欲取」的目標提出來。

「投之以桃，報之以李」，因為對方先嘗到了甜頭，不但心情好，而且還可能產生知恩圖報的心理，在這種心理驅動下，便很容易答應你提出的請求。這種含有交換意味的辦事方法，不管其形式如何，其總的原則應為低調行事，捨小求大。只有這樣，才能達到辦事的目的。如果你把握不好取予之間的分寸，那麼你只會捨大得小，甚至「賠了夫人又折兵」。

若作龍頭，先做鳳尾

拿破崙曾說過：「不想當將軍的士兵不是好士兵。」「將軍」可以說是軍隊裡的「龍頭」，那麼士兵，作為將軍的手下，則是相對的「鳳尾」。但有一點十分清楚，將軍都曾是優秀的士兵，

若作龍頭，先做鳳尾

將軍如果沒有作士兵的經驗，就無法成為優秀的將軍。

每個人都希望做「龍頭」，「龍頭」固然很好，指點江山，威風八面。豈不知「龍頭」如果沒有「鳳尾」的經驗，也許最終有可能會變成「雞尾」。所以說「鳳尾」是「龍頭」的基礎，「龍頭」是「鳳尾」的目標和方向，只有當好了「鳳尾」，才能成為一個合格的「龍頭」。

一位大專生畢業後應聘到一家公司生產第一線工作，不久公司老總見其思維敏捷、文字流暢，就調他去辦公室從事管理工作；後來老總見其管理有序，能針對工作弊端進行大力整治，覺得他是個人才，於是調他去策略決策部門工作；在決策部門，該畢業生總是觀點獨到、決策嚴謹、操作易行、績效明顯，讓人不得不刮目相看，老總決定調其到身邊擔任副手，經過考察才得知，在工作的閒暇時間這名大專生已經自修了研究所的課程，而且已經取得了博士的學歷，老總大為讚歎該博士生腳踏實地的作風，對其人品也信賴有加。

「磨刀不誤砍柴工」，從下屬做起，雖說要花點時間，卻是經驗及知識的積累過程，也是培養自身實力及磨合人際關係的過程，一步步的磨煉及實踐，才不致使你在突入高位時手足無措，力不從心。與其身居高位如坐針氈，還不如腳踏實地，從基層做起，做好了基層工作，就會對全盤瞭若指掌，這就對日後能勝任領導打下了基礎。

正所謂是「不積小流，無以成江海」，做不好「鳳尾」也當

不好「龍頭」！將軍都是從士兵做起的，很多大企業家是從員工做起的，很多政治家是從小助理做起的。音樂大師大衛‧葛瑞出道前，在郵政公司當過郵差；曾經競選美國總統的億萬富翁羅斯‧佩羅，一度曾做過 IBM 公司的推銷員；中國著名的紅頂商人胡雪岩當初是給人跑堂、幫人算帳起家的。所以說，路都是一步步從腳下邁開，經驗也是一點點積累的。世界上最大最寬廣的是海洋，正因為海洋甘作所有江流湖泊之「鳳尾」，才能成為真正的「百水之王」。

　　湯姆是一所知名大學的高材生，畢業後進入一家大型公司工作。經過兩年的努力，被提升為公司市場部的經理，薪水豐厚，車房俱全，可以說是春風得意，年少得志，前途一片光明。可有一天公司進行策略調整，將市場部撤銷了，他也在一夜之間成為了一名普通的職員。經此一劫，湯姆變得意志消沉，對工作也喪失了以往的熱情。

　　一個星期天的早上，湯姆正在漫無目的地閒逛，公司總經理的車突然停在了他的面前。總經理開車把他帶到市郊的一座山下，兩個人開始爬山，等爬上山頂上時太陽已經看不見了，只留下一抹餘暉。他正在心裡疑惑總經理今天怎麼會這麼有興致時，總經理突然指著遠處的一座高山問道：「你看那座山跟這座山哪座更高大些？」湯姆不假思索地回答道：「當然是那座山了，全市第一高峰嘛！」總經理緩緩地點了點頭：「那麼如何才能到達那座山的山頂上呢？」湯姆愣了一下，過了半晌才說：「先

下這座山，再上那座山。」總經理回過頭來笑道：「看來你還是很明白這個道理的嘛！有時候人往低處走也不完全是壞事。」停了一停總經理又說：「你一定很希望我把你直接放在業務經理的職位上吧？銷售和市場，其實也是兩座山，除非你是天才，能直接跳過去；如果不是，那還是一步一步走過去比較實際。並且，我希望你不要把眼光僅僅局限在這兩座山上。記住，遠處還有許多更高的山在等著你去征服。」

湯姆的內心被震撼了，捫心自問，他覺得自己在做業務方面，確實欠缺許多東西：如相關的經驗和專業知識，這些都有待積累。他暗暗打定了主意，從明天開始要重新找回自我。一年後，由於業績突出，湯姆又回到了經理的職位，只不過這次是業務部經理。三年後，他又成為了總經理的助理。

在當今社會，這種例子比比皆是。其實在好的團隊作為一名普通的員工，周圍的人可能在經驗、能力、資歷上都有勝過自己的地方，隨時掉隊的危機感會壓迫你不斷超越自己的極限，只有奮發圖強，認真總結學習別人的優點和長處，克服自身的不足，不斷提高自身素質，憑藉自己的真才實學與強者對話，你才有可能在職位轉換的時候成為更優秀的「龍頭」。

因此，與其暫時做一個不稱職的「龍頭」，在不知不覺中落後於時代的步伐。不妨去做做「鳳尾」，有了做「鳳尾」的經驗，而顯得穩重老到、胸有成竹，再做「龍頭」，便綽綽有餘了。

總之，無論做事或經營企業，不管從「鳳尾」、「雞尾」或

「麻雀尾」做起都沒關係。只要你有遠大的目標，作「鳳尾」只是暫時的。所以要想成就大業，必須要有一顆平常心，做事情還是低調一些好，這樣能夠使你保持清醒的頭腦。要堅信：只要心中的火不熄，必有燎原之日！

平凡之中見偉大

英國哲學家愛德蒙・史賓賽說：「即使是世上最偉大、最壯麗的事業，或許也常常需要瘦弱的手去扶掖。」這句話說明瞭偉大離不開平凡，就像一座高聳入雲的摩天大廈，離不開許許多多平凡的基石的支撐一樣，如果沒有這些平凡的石塊，高聳入雲的大廈就會坍塌；一條雄偉的攔河大壩，也是由平凡得再也不能平凡的碎石和沙子攪拌組成的，如果沒有了它們組成的鋼筋混凝土，大壩就會被衝垮。由此可見，偉大離不開平凡，平凡之中見偉大。

所有人都知道聖人偉大，他那平易近人的形象和顯赫的帝王形象不一樣。原因是什麼呢？聖人是民心所向，帝王是民心所背；聖人的偉大是長久的，帝王的顯赫是一時的。如果聖人的形象和顯赫的帝王形象一樣的話，那麼，隨著歷史的發展、時代的變遷，也就逐漸變得渺小了。因此，聖人是在平凡之中見偉大，帝王是於顯赫之中見渺小。

有的人總是喜歡張揚，瞧不起低微、平凡的工作，認為：平凡的工作應該由平凡的人去做，而我是做大事的人，要做出

平凡之中見偉大

一番轟轟烈烈的大事業。有偉大的抱負，遠大的理想，無可厚非，但「一屋不掃何以掃天下！」，不能因此就摒棄平凡的工作。再平凡的工作也需要有人來做，而人沒有高低貴賤之分，只有分工的不同。平凡的工作也許很單調、乏味，無名無利，沒有鮮花和掌聲，就像路邊的小草，可是小草卻是最先感知春天的。當人們看到由無數棵小草頂著冰凍的大地破土而出，組成嫩綠的草坪時，會有莫名的感動與快樂。那麼不起眼，卻同樣朝夕努力，直到迎來最後的成功。這成功雖然沒有人前來道賀，沒有獎牌和鮮花，卻那麼鮮活地顯現在我們的面前，給我們以激勵和啟迪。

令世界矚目的萬里長城，綿延不斷，那是人們用一塊塊石頭疊起來的。當你站在一望無際的沙漠之中，抓一把沙子，你會為這一粒粒平凡的沙子而感到震驚。但是，如果你只是驚歎長城的宏偉，沙漠的無垠，而不願去做那些石沙，可以斷言：人類的一切理想都將是不會實現的幻想，可望而不可即的海市蜃樓。

我們都是平凡世界的芸芸眾生，我們每個人都想在平凡裡走向偉大，但是，有許多人會抱怨：「我為什麼不具有那些偉人們所生活的條件呢？」其實不然，只要我們能在日常那些看似平凡的上辛勤地工作，專一努力地做下去，往往也能在平凡中做出非凡之舉。

「人生如流水，只有在它的急流奔向前去的時候，才美麗，

才有意義。」再平凡的人，也有偉大的一面，只是不被人留意而已。恰如我們腳下的土地、身邊的空氣，它們是構成客觀世界的極其平凡的元素，但它們卻與世界同在而不朽！

不要蔑視平凡，不要懊惱你是平凡中的一員。一隻螞蟻是平凡的，但一群螞蟻卻能搬動石塊。一滴水是平凡的，它勢單力薄，隨時都會蒸發，然而就是這一滴平凡的水，它們成千上萬地彙聚在一起，變成小溪，組成河流，最終匯成大海。平凡，是生命的要素。沒有人一生下來就星光璀璨，只要用你有限的精力，有限的時間，在有生之年，選定一個職位或目標，專一做下去，只要不停地努力，就離成功不遠。這種成功或許有形，會贏得讚揚和掌聲；這種成功或許無形，你的成就並不被世人所知。但只要你持之以恆，不灰心喪氣，在低調平凡中奮鬥，同其他平凡的人一起，共同完成偉大的事業。這時候你會發現，我們的平凡能給別人帶來歡樂，能給國家帶來繁榮。不知不覺中，你就能成為偉大人物中的一員。這時你就會知道，其實從平凡到偉大，只有一步之遙。

在低調中奮起，在平凡之中創造出偉大，你我也能夠做得到。在平凡中踏實工作，將自己的潛力全部發揮出來，就能夠創造不平凡的業績，最終一鳴驚人。生命的輝煌偉大，拒絕的不是低調與平凡，而是低俗與平庸！

善用人者為之下

「善用人者為之下」，是一種智慧的定位。意思是說善於用人的人反而把自己放在所用的人的「下方」、「下位」。

一個人想要獲得成功，成就大事業，單單依靠自己的力量是遠遠不夠的。俗語講得好：一個籬笆三個樁，一個好漢三個幫。事業做得越大，需要用的人就越多，那就得學會「善用人」，就一定要能夠「為之下」，對人謙卑。如果用人找不好自己的位置，頤指氣使、飛揚跋扈，最終只能落得個自取其敗的下場。

戰國時代燕昭王復國，接受的是一個殘破的燕國，內外交困，國勢比較虛弱。燕昭王迫切希望重新振興國家，急需人才。於是去請教燕國的賢士郭隗，如何才能得到人才。郭隗就用「處下」的方法來開導燕昭王。

郭隗講：如果謙卑地虛心侍奉老師，向他好好學習，那麼比自己的才能強百倍的人就會來了；如果做事情奔走在別人的前面，休息卻在他人的後面，如果最先向賢人求教，最後一個停止發問，那麼比自己才能強十倍的人就會來了；如果見面時別人有禮貌地迎上來，自己也有禮貌地迎向前，那麼和自己才能同樣的人就會來了；如果靠著桌子，拿著手杖，斜著眼睛指揮別人，待人不禮貌，那麼只有服雜役的僕人一類的人來了。

越是要成就大事業的就越是要尊重賢人，善於「處下」。你越是希望得到大人才，你就越是要謙虛謹慎地處在賢者、人才

的下面。這裡有一種對應的關係，你的「處下」達到什麼檔次，就有什麼檔次的人才來到。

楚漢爭霸中，最終打敗項羽，而取得天下的劉邦在總結自己得天下的原因時說：「夫運籌帷幄之中，決勝千里之外，吾不如子房；鎮國家，撫百姓，給饋餉，約糧道，吾不如蕭何；領百萬之軍，戰必勝，攻必取，吾不如韓信；此三者，皆人傑也，吾能用之，此吾所以取天下也」。正是劉邦這種對張良言聽計從「從善如順流」，虛心採納蕭何的建議，拜無名部下韓信為大將的謙遜用人的策略使他最終贏得了這場楚漢戰爭的勝利。而霸王項羽則一意孤行，從不接受和採納其屬下的意見和建議，最終造成了烏江自刎的悲劇。

三國時期的劉備，三顧茅廬，從而得到了諸葛亮了的輔佐；由於覺得自己的孩子連累了部下他就把孩子「摔」在地上，從而換來了趙雲的一片忠心，儘管他自己並沒有多大本事，卻本著「為之下」這一點，成就了一番大事業。

美國通用汽車公司的前總裁傑克·威爾許，他小時候口吃，父母考慮他的這種情況，就給他找了一個「球童」的工作。「球童」就是專門在高爾夫球場中為別人撿球的，不用開口。這種工作當然很「處下」，很底層，打高爾夫球的人大部分都是有頭有臉的人物。在這種地方工作，他難免會看到或受到那些所謂的處上的、成功人士的頤指氣使、傲慢不遜。這些深深地烙在他的心上，也激發了他也想做一個「高調」的成功人士。因此當

他回到學校時，就發奮用功學習，後來以優異的成績，被通用公司錄用。

在剛進入通用公司的時候就以「低調」的態度做事，因為有口吃的毛病，他就少說話，多做事，結果因為成績突出，職位直線上升，最後當上了總裁。當上了總裁後，採取了一系列的「以下為上」的措施，他主張「管理越少越好」，這樣他就有時間去「處下」，也就是他走出總裁的高高在上的辦公室，去走訪世界各地的分公司，更多時間與中層、低層的管理人員進行面對面的溝通，從中發現問題，研究問題，解決問題，而且可以及時發現人才，啟用人才。因此在他領導的 20 年間，公司能夠保持 25% 的年成長率。

據說，林肯參加總統選舉時，做過這樣一次演講：

有人寫信問我有多少財產，我在這裡可以告訴大家：我有一位妻子和一個兒子都是無價之寶。此外還有一個辦公室，有桌子一張、椅子三把，牆腳還有大書架一個，架子上的書值得每人一讀。我本人既窮又瘦，臉蛋又很大，不會發福。我實在沒有什麼可依靠，唯一可以依靠的是你們。

這就是林肯低調的，但又是真誠的，能夠打動人心的，獲得選民情感上「同情」與支持的競選演說。

林肯當上總統後，白宮的人都瞧不起他，認為林肯的出身不好，都認為自己比總統更優越。林肯不但沒有趕走他們，反而尊重他們，推崇他們的能力，徵求他們的意見，虛懷若谷，

誠以待人，鼓勵他們奉獻智力與精力來效忠國家。林肯正是用「為之下」的策略贏得了這些人的信任，又用這些人打贏了南北戰爭，為美國的進一步的繁榮打下了良好的基礎，獲得了美國人民的尊重，成為一代偉人。

善待他人的人，能夠得到他人的尊敬，從而贏得無上的榮耀。

江海之所以能夠成為百谷之王，是因為江海處下而不與百谷爭高，因此成為百谷之王。聖人之所以能夠成為百姓之王，是因為聖人具有謙下而不與百姓爭權奪利的高尚品德。要想成為他人所愛戴、敬仰的人，就必須心裡裝著他人，敢為他人說真話，辦實事；要想處身他人的前面，成為領導者，就必須把自身的利益放在他人的後面，這樣才能得到大家的擁戴。

總之，不論在國內還是國外，「善用人者為之下」是支持一個人成功最直接的方法。

大成若缺，大盈若沖

老子曾說：「最完滿的東西，好似有殘缺一樣，但它的作用永遠不會衰竭；最充盈的東西，好似是空虛一樣，但它的作用是不會窮盡的。」

也就是說，最高的境界是要完美中帶有一點缺失。非常充盈的東西，要留一點縫隙。泥土如果沒有縫隙，就失去了承載生命的榮耀；高山如果沒有縫隙，就失去了深谷幽澗的美景；

綠葉如果沒有縫隙，就失去了斑駁樹影的變化。環視八荒六合，四海宇宙，縫隙處處存在，在每一處生機下潛伏，在每一處美景後延伸。

世上任何事物都不是十全十美的，包括做人，正所謂是「金無足赤，人無完人」。正因為不十全十美，不爆滿，才會有一個生命的張力，有一個後勁兒。所以說，看上去大成，要留有一點缺失。看上去大盈，要帶有一點空隙。這個作用能夠永遠的不敗，永遠地用不完。這就是智慧，這就是境界。

然而，現實生活當中，人人常常追求完美無缺，在某種意義上完美代表著優秀，這當然是一種積極的人生態度。但是追求完美要適度，過度的追求反而會羈絆我們的雙腳，使成功變得咫尺天涯。

據《聖經》記載，當亞當夏娃被逐出伊甸園後，人類互相殘殺掠奪，世間充滿強暴、仇恨和嫉妒。

當上帝看到人類的種種罪惡，十分生氣，決定用洪水毀滅這個已經敗壞的世界，只留下有限的生靈。上帝告訴諾亞說：「去用堅木打造一艘方舟吧，因為人類犯下的錯誤，我將懲罰毀滅他們。」

諾亞卻對上帝說：「如果知道他們會因犯下錯誤而被毀滅，當初您為什麼不直接派天使來到人間？」

上帝回答說：「不，天使太完美了，太完美就沒有了進步的可能，不完美是做人的代價，也是做人的本質。」

一、貴以賤為本，高以下為基

　　上帝能夠創造世界，也許全憑了他不是一個完美主義者。倘求完美，他就該讓人類永生，讓美麗與和諧永恆，讓善良與正義萬歲，讓醜惡從來不曾出世。他就不該創造花開花落、死死生生。他就該讓空間無邊無際，讓時間無始無終，讓生機無窮無盡，讓發展無限可能。

　　然而，上帝並沒有這樣做，因為這是破壞他的根本邏輯的。上帝畢竟是上帝，他知道對於人類來說，完美的不一定是最好的。

　　少林寺住持想從兩個徒弟中選一個做衣缽傳人。一天，他對徒弟說，你們出去給我找一片最完美的樹葉。兩個徒弟遵命而去。

　　過了不長時間，大徒弟回來了，遞給住持一片並不漂亮的樹葉，然後說道，這片樹葉雖然並不完美，但它是我看到的最完整的樹葉。二徒弟在外面轉了半天，最終卻空手而歸，他對住持說，我見到了很多很多的樹葉，但怎麼也挑不出一片最完美的。最後，主持把衣缽傳給了大徒弟。

　　如果只想盡善盡美，最終常常是兩手空空。人世間的許多悲劇，正是因為一些人熱衷於追求虛無縹緲的最完美的樹葉，而忽視平淡低調的生活。其實平淡低調中往往也蘊含著許多偉大與神奇，關鍵是你選擇以什麼樣的態度去面對它。

　　有一個地主非常幸運地獲得了一顆碩大而美麗的珍珠，然而他並不感到滿足，因為那顆珍珠上面有一個小小的斑點。他

想，若是能夠將這個小小的斑點剔除，那麼它肯定會成為世界上最最珍貴的寶物。

於是，他就下狠心削去了珍珠的表層，可是斑點還在；他又削去第二層，原以為這下可以把斑點去掉了，然而它仍舊存在。他不斷地削掉了一層又一層，直到最後，那個斑點沒有了，而珍珠也不復存在了。後來，這個地主心疼不已，從此一病不起。臨終前，他無比懷悔地對他的家人說：「如果當時我不去計較那一個斑點，現在我的手裡還會擁有一顆美麗的珍珠啊！」

其實，追求完美沒有錯，可怕的是追而不得後的自卑與墮落。即使缺陷再大的人也有其閃光點，正如再完美的人也有缺陷一樣。能夠充分發揮自己的長處，照樣可以贏得精彩的人生。

在我們的生活中我們那些可愛的整容的人們，如果當時不去搞掉那個痣，不去挖空心思地模仿美麗，不去急於張揚殘缺的個性，她說不定也是別人眼中的美女啊。白璧微瑕，正是由於那一點瑕疵才讓璧玉如此珍奇。

有經驗的木匠都會在做工時注意留下縫隙，因為隨著冷熱幹濕變幻無常，材料的形態也會發生微小的變化，小小的縫隙則可以包容這種變化，從而使整體結構不發生改變。同樣，鋪設鐵路時，一段段鐵軌之間也留有小段縫隙，它們為嚴冬酷暑不同季節裡行駛的火車提供了安全保障。因為縫隙的存在，鐵軌不會因溫度升高降低而擠壓收縮變形。

競爭日趨激烈的今天，許多人過於追求完滿，追求成功，追求金錢名譽，有的人甚至苦苦尋覓一生，就算最終得到心中所想，卻已日薄西山，人生的快樂和多彩被紛飛的文件和無盡的應酬所代替。因此，你不妨給自己留一道縫隙，低調地做人，輕鬆快樂地生活。給理想留一道縫隙，好坦然地面對失去。給子女留一條縫隙，使自己和孩子獲取快樂。給他人留一道縫隙，建立和諧的人際關係。

完美是我們所追求的，「大成若缺，大盈若沖」，也是我們所必需的。如此，我們的生活才會是美麗的，我們的成功也就不再是遙不可及的。

柔能勝剛，弱能勝強

老子說得好：普天之下沒有哪一樣東西比水更柔弱，但是攻擊堅強的東西卻沒有什麼能夠勝過水的，這就是柔德；所以柔能勝剛，弱能勝強。因為它似有似無，所以就能夠無孔不入。

人身上最堅硬的要數牙齒了，最柔軟的要數舌頭了，而當人老的時候，牙齒全部脫落了，而舌頭卻能完好無恙。大樹比小草堅硬剛強，但海嘯、颱風來時掀倒大樹，甚至連根拔起，而小草依然故我。強烈的大地震來了，有的高樓大廈倒塌了，但有的小平房卻安好無恙。水最柔弱，石頭堅硬，但水滴可使堅石為之洞穿。螻蟻柔弱得微不足道，大壩堅硬得能與滔滔洪水相抗衡，但柔弱之螻蟻卻能使大壩千里潰決。空氣最柔弱，

卻無孔不入。空氣不流動，靜默至極，可以把千年的銅鐵鏽蝕、樑柱朽爛；空氣一旦流動至極，可以飛沙走石，拔屋移丘。柔、弱之力量遠勝剛、強由此可見一斑。

可憐也是一種以柔克剛，以弱勝強的策略，「可憐」從表面上看是一種軟弱，但「可憐」者往往會博得強者的同情。因為人總願在別人眼裡成為強者，當你裝出一副可憐兮兮的樣子，出於「強人」心理所致，自認為強者的人為顯示自己的強大自然而然就會幫助「弱者」，善用「可憐」方法者則絲毫不費力氣就達到了以「弱能勝強」的目的。

鮑爾溫機車公司總裁福克蘭，在年輕時因巧妙處理了一項公司的業務而青雲直上。他當時是一個機車工廠的普通職員，由於他的建議，公司買下了一塊地皮，準備建造一座辦公大樓。在這塊土地上的 100 戶居民，都得因此而遷移他方。

但是居民中有一位愛爾蘭的老婦人，卻首先跳出來與機車工廠作對。在她的帶領下，許多人都拒絕搬走，而且這些人抱成一團，決心與機車工廠一拼到底。

福克蘭對工廠主管說：「我建議透過法律的途徑來解決問題，我們不能採用其他強硬的辦法，以硬對硬，驅逐他們。這樣我們會增加更多的仇人，即使建成大樓，我們也將不得安寧。這件事還是交給我來處理吧！」

這一天，他來到了老婦人家門前，看見她坐在石階上。他便故意在這老婦人面前走來走去，做出憂心忡忡的樣子，心裡

好像盤算著什麼。他自然引起了她的主意。良久，她開口發問：「年輕人，你有什麼煩惱嗎？說出來，我一定能幫助你。」

福克蘭趁機走上前去，他並沒有直接回答她的問題，卻說：「您在這兒無事可做，真是天大的浪費啊！我知道您有很強的領導能力，實在應該抓緊時間做一番大事業。聽說這裡要建造新大樓，您是不是準備發揮您的超人才能，做一件連法官、總統都難以做成的婦人之事：勸您的鄰居們，讓他們找一個快樂的地方永久居住下去。這樣，大家一定會記得您的好處的呀！」

從第二天開始，這個強硬頑固的愛爾蘭老婦人便成了全費城最忙碌的婦人了。她到處尋覓房屋，指揮她的鄰人搬走，並把一切辦得穩穩當當。

辦公大樓很快便開始破土動工了，而工廠在住房搬遷過程中，不僅速度大幅加快，而且所付的代價竟只有預算的一半。

福克蘭裝出一副無能的樣子，滿足了老婦人的「強人」心理，使她心甘情願地為福克蘭辦成一件大事。

2007 年金融海嘯發生，知名企業績效全線下滑，大名鼎鼎的麥當勞也跌入了這團「渾水」之中，在業務「縮水」和成本「漲價」的嚴峻壓力下不得不打起「漲價牌」和「關店牌」以求自解。

可是，就在麥當勞「哀鴻遍野」的同時，其「生死冤家」肯德基卻是「一片光明」，不僅績效卓著甚至還加快了擴張的步伐。

肯德基獨立經營的時間並不長，肯德基是百勝五大下屬速

食品牌之一， 1998 年百勝才從百事公司正式剝離並在紐約證券交易所獨立上市，然而其發展卻極為迅猛，2001 年百勝即在全球 100 多個國家擁有超過 32500 多家連鎖店，以營業額達到 200 億美元而躋身全球五百強之列。

　　同為連鎖經營體系，麥當勞擁有更悠久的營運背景、更雄厚的企業實力、更強勢的品牌資產，何以肯德基在中國市場竟能為全面反超之勢？

　　肯德基的成功之處在於發掘連鎖經營的策略因素，透過對連鎖經營的策略管理而不僅僅是日常管理來提高對行業的適應程度，透過對行業價值系統的整合而不僅僅依靠企業價值鏈的優化來創造比較優勢。簡而言之，「策略性連鎖經營」就是肯德基的以弱勝強之道。

　　在上述事例中，我們看到的不僅是以柔勝剛，以弱勝強的戰術思想，更有他們為了各自的目標所做的努力和堅持。每一個戰術步驟的實現，都是他們殫精竭慮的結果。

　　想要成為當代的強者，要想保持一種極至的、可持續的良好競爭狀態，實現和諧的、可持續的發展，必須懂得剛柔之道，強弱之理。以腳踢牆，用力越大，腳越痛，因為牆有反作用力。但棉花則不然，再大的力量打到棉花上就會化於無形。此所謂「兵強則滅，木強則折。柔弱勝剛強」。

小糊塗成就大聰明

有一位哲人說，人的智慧分兩種：一謂真聰明，二謂假糊塗。「小糊塗，大聰明」即「小事愚，大事明」。對於人來說是一種比較高的修養。所謂「糊塗」，並非自我欺騙或自我麻醉，而是有意裝糊塗，是低調哲學中的大學問。該糊塗的時候，就不要顧忌自己的面子、學識、地位和權勢，而小糊塗裡包藏著聰明智慧，能使你左右逢源，不為煩惱所擾，不為人事所累，這樣才會有一個幸福、快樂、成功的人生。

西漢時的丙吉，路邊有人鬥毆死傷，他不管；碰到一頭牛在喘息，他偏要去問。屬下認為他可能犯糊塗了，提醒他：「您這樣做不是貴畜而賤人嗎？」丙吉回答：「老百姓鬥毆，這件事是長安令、京兆尹這樣的官管的。宰相只是根據這些官一年總的政績進行考評，奏請皇帝實行賞罰就行了，用不著親自過問。而現在季節還不到大熱的時候，牛喘息可能是節氣失調，而節氣失調又可能導致災荒，這才是宰相分內應該管的。」

漢宣帝是武帝的曾孫子，衛太子劉據的孫子，小時候因為受衛太子劉據巫蠱案的牽連，被關在長安監獄裡。當時丙吉正好負責審理這個案子，知道有隱情，對皇曾孫特別照顧，派了幾名女犯人專門哺育他。漢武帝病了，聽方士說，長安監獄裡有天子氣，於是下令把監獄裡的犯人都處死，當然也包括皇曾孫。使者夜間到監獄，被丙吉擋在門外。他說，無辜的人尚且不應該被殺，何況皇曾孫呢？僵持到天亮，使者沒有辦法，回

去向武帝覆命。武帝此時已過了心血來潮那股勁兒，聽說是丙吉這樣做的，也就不追究了，並且大赦天下。皇曾孫這才算保住了性命。

宣帝即位後，並不知道丙吉保全過自己的性命。丙吉自己也從來不說。後來有一個宮廷裡參與其事的婢女，把這事講了出去，宣帝這才知道丙吉對自己有這樣的大恩，所以歷史上評價丙吉，說他甘當無名英雄。

丙吉於皇帝有救命之恩，卻不肯讓皇帝知道，這在旁人看來真是糊塗至極，其實並非如此，反而可以說這是丙吉聰明的地方。丙吉雖然沒讓皇帝知道自己曾有恩於他，只憑他自己的努力，也已經當上了宰相，位極人臣，無以復加了。就算皇帝知道有恩於自己，又能怎樣呢？也無法給他更高的官做。何況這樣大的事，朝廷裡知道的想必不止一個人，就算自己不說，就算那個婢女不說，總會有別人會告訴皇帝的，用不著發愁功勞被埋沒。出自他人之口，豈不是能使自己忠厚的形象更加豐滿？

由此可見，丙吉的做法，是看起來糊塗，其實是聰明之舉。

而東漢建安年間的楊脩，可謂是才華橫溢的聰明之人，然而卻恰恰是他的聰明引來了殺身之禍。

楊脩為漢相曹操的主薄。曹操建造花園時，動工前工匠們請曹操審閱花園工程的設計圖紙，曹操看了什麼也沒說只在園門上寫了一個活字。工匠們不解其意，忙去問楊脩。楊脩說：

一、貴以賤為本，高以下為基

「丞相嫌園門設計的太大了。」工匠們按楊脩的提示修改了方案。曹操見改造後的園門，心裡非常高興，問工匠們如何知道自己的心意的，工匠們說多虧了楊主簿的指點。曹操口中稱讚楊脩，心裡卻嫉恨楊脩的才華。

一次，曹操與楊脩騎馬同行，當路過曹娥碑時，他們見碑陰鐫刻了黃絹、幼婦、外孫、虀臼八個字，曹操問楊脩理解這八個字的意思嗎？楊脩正要回答，曹操說「你先別講出來，容我想想。」直到走過三十里路以後，曹操說：「我已明白那八個字的含意了，你說說你的理解，看我們是否所見略同。」楊脩說：「黃絹，色絲也，並而為絕；幼婦，少女也，並而為妙；外孫為女兒的兒子合而為好；虀臼是放置辛辣物的容器，是受的意思，為辭。這八個字是『絕妙好辭』四字，是對曹娥碑碑文的讚美。」曹操驚歎道：「爾之才思，敏吾三十里也。」

曹操平漢中時，連吃敗仗。欲進兵，怕馬超拒守。欲收兵，又恐蜀兵恥笑，心中猶豫不決。適逢庖官進雞湯，曹操見碗中雞肋，沉思不語。這時有人入帳，稟請夜間口令，曹操隨口答「雞肋！」楊脩見令傳雞肋，便讓隨行軍士收拾行裝，準備歸程。將士們問何以得知魏王要回師，楊脩說：「從今夜的口令，便知魏王退兵之心已決。雞肋，食之無味，棄之可惜。今進不能勝，退恐人笑，在此無益，不如早歸。魏王班師就在這幾日，故早準備行裝，以免臨行慌亂。」曹操早恨楊脩才高於已，見楊脩又猜透了自己的心事，便以擾亂軍心為由而

將他殺了。

　　楊脩可謂絕頂聰明，但他不會低調做人，幾次「聰明」過了頭，張揚過了頭，才智太露，結果引起了曹操的嫉恨，將他殺掉。真可謂聰明反被聰明誤，自逞聰明，引火焚身。

　　人的一生，不應對什麼事都斤斤計較，包括對上司、對同事、對朋友，甚至兄弟、夫妻之間也都是如此！即使你是個靈慧的，很容易知別人心的人，那麼你也要低調一些，千萬別自以為聰明，向對方表現你的知心術。楊脩就因為太聰明，不會低調而被殺。而丙吉卻因為會裝糊塗而名利雙收。

　　古語有云：「呂端大事不糊塗」，說的正是小事裝糊塗，而在關鍵時刻，才表現出大智大謀。該聰明時聰明，該糊塗時糊塗。何樂而不為呢。

「愚蠢」的人最聰明

　　世間存在這樣一種人：才智很高而不露鋒芒，表面上去看好像很愚笨。這便是人們常說的大智若愚。

　　在實際生活中，精明是多數人所追求的，而愚蠢是多數人所力圖避免的。但是，只想避免不見得就避免得了，所以常常有「弄巧成拙」的尷尬時候。既然弄巧反而成拙，反倒不如索性「糊塗」一些。

　　漢朝大將韓信是漢朝的第一功臣。司馬遷曾說，漢朝的天下，三分之二是韓信打下來的。但他功高震主，又不能謙遜

一、貴以賤為本，高以下為基

自處，加上他犯了大忌，看到曾經是他部下的曹參、灌嬰、張蒼、傅寬都分土列侯，與自己平起平坐，心中難免矜功不平。

樊噲是一員猛將，又是劉邦的連襟，每次韓信去看他，他都是「拜迎送」。但韓信出門之後總要說：「我今天怎麼與這樣的人為伍！」如此自傲，當年甘受胯下之辱的情形已絲毫不見，這使他最終走上了一條絕路。俗話說「滿招損，謙受益」，才華出眾而又喜歡自我炫耀的人，必然會招致別人的反感，吃大虧而不自知。所以，無論才能有多高，都要善於隱匿。

有些到過美國或者接觸過美國人的華人很得意地發現，美國人的「笨人」數不清數。尤其不愛算數，算得上美國人通有的毛病。但是，創造了世界上最富有國家的美國人真的「笨」嗎？就是這些連簡單的加減法都不擅長的美國人，發明了世界上第一台電腦，他們把所有機械的計算交給電腦，算數的職位交給外國人來做。他們不用數錢，他們刷卡。

他們並不是蠢到數不清數，而是不屑於去做這種枯燥的工作，把精力放到更能創造價值、更有意思的事情上去了。慣於創造品牌來提升產品價值，善於創造符號來獲取利潤，是美國人的絕招。麥當勞、肯德基成為全球速食的時尚寵兒，中餐館在世界各地隨處可見，能找出哪家較之更有名嗎？

如今，有錢的美國人愈來愈會算計，許多服務性的機構設到了印度，中國與越南則是成為美國等先進國家和地區的製造業中心，勞動力便宜得讓他們偷笑，原材料更是供大於求。他

們把低成本的產品變成了高價商品，既賺得盆滿缽滿，又保護了他們國家的資源。

在美國人看來，繞道等綠燈走斑馬線，是對生命的重視，搶先幾分鐘的便捷和寶貴的生命相比較，這種冒險的代價實在太昂貴；與人打交道為了自身利益撒點小謊，做生意耍滑頭，最終失去信譽的代價，實在是得不償失；花大量的時間來來回回計算機械的數位，還不如利用時間創新，以獵取更多的財富。

到底誰聰明誰笨呢？「大智若愚」的人成了巨富、富翁、國際大腕，而精打細算、自認為比別人聰明的人充其量也不過是個小商販。所以大智若愚實在是一種人生的最高修養，也是一種做人的謀略。

1805 年，拿破崙乘勝追擊俄軍到了關鍵的決戰時刻。此時，沙皇亞歷山大見自己的近衛軍和增援部隊到來，便不想撤退而與法軍決戰。庫圖佐夫勸他繼續撤退，等待普魯士軍隊參加反法戰爭。此時拿破崙知道了俄軍內部的意見分歧，害怕庫圖佐夫一旦說服沙皇，就會失去戰機。於是裝出一見俄軍增援到來就害怕的樣子，停止追擊，派人求和，願意接受一部分屈辱條件。這更加刺激了沙皇，以為拿破崙如果不是走投無路，這樣傲慢的人決不會主動求和，因此斷定現在正是回師大敗拿破崙的時機，於是不聽庫圖佐夫的意見，向法軍展開進攻，結果落進了法軍的圈套，被法軍打得狼狽不堪。

聰相不露，才會有任重道遠的力量。這就是所謂「裝傻示

愚，用晦如明」。在人們心目中，不管自己本身是奸猾還是忠厚，幾乎都喜歡傻呼呼不會弄巧的人。因此，要達到自己的目標沒有機巧權變是不行的。

一個心理學教授到瘋人院參觀，瞭解瘋子的生活狀態。一天下來，覺得這些人瘋瘋癲癲，行事出人意料，可算大開眼界。想不到準備返回時，發現自己的車胎被人卸掉了。「一定是哪個瘋子幹的！」教授這樣憤憤地想道，動手拿備胎準備裝上。事情嚴重了：卸車胎的人居然將螺絲也都擰掉了，沒有螺絲有備胎也上不去啊！

教授一籌莫展。在他著急萬分的時候，一個瘋子蹦蹦跳跳地過來了，嘴裡唱著不知名的歡樂歌曲。他發現了困境中的教授，停下來問發生了什麼事。教授懶得理他，但出於禮貌還是告訴了他。

瘋子哈哈大笑地說：「我有辦法！」他從每個輪胎上面下了一個螺絲，這樣就拿到三個螺絲將備胎裝了上去。

教授驚奇感激之餘，大為好奇：「請問你是怎麼想到這個辦法的？」

瘋子嘻嘻哈哈地笑道：「我是瘋子，可我不是呆子啊！」

其實，世上有許多的人，由於他們發現了工作中的樂趣，總會表現出與常人不一樣的狂熱，讓人難以理解。許多人在笑話他們是瘋子的時候，別人說不定還在笑他呆子呢。

做人呆呆，處事聰明，也不失為一種上佳的做人姿態。

《菜根譚》中說：「鷹立如睡，虎行似病。」也就是說老鷹站在那裡像睡著了，老虎走路時象有病的模樣，這就是說它們準備獵物之前的手段。其意是告誡人們，過分炫耀自己的能力，將慾望或精力不加節制地濫用，是毫無益處的。所以一個真正有才德的人要做到表面愚蠢，內心聰明。這樣才能很好地保護自己。

給別人面子，你才能有面子

魯迅先生說：「面子是中國精神的綱領。」「面子」到底是什麼東西呢？說明了，就是尊嚴。

「面子」是一件很重要的事，為了「面子」，小則翻臉，大則會鬧出人命；如果你對「面子」問題比較冷淡，那麼你必定是個不受歡迎的人；如果你只顧自己的面子，不顧他人的面子，那你必定有一天會吃暗虧。因此，我們在交往時，為自己爭得面子的同時，也別忘了給別人也留些尊嚴。

有位文化界人士，每年都會受邀參加某單位的雜誌評鑒工作，這工作雖然報酬不多，但卻是一項榮譽，很多人想參加卻找不到門路。問他為何年年有此「殊榮」，他在屆齡退休，不再參加此項工作後才公開秘訣。

他說他的專業眼光並不是關鍵，他的職位也不是重點，他之所以能年年被邀請，是因為他很會給別人「面子」。他說，他在公開的評審會議上一定把握一個原則：多稱讚、鼓勵而少批

評，但會議結束之後，他會找來雜誌的編輯人員，私底下告訴他們編輯上的缺點。因此，雖然雜誌有先後名次，但每個人都保住了面子。正因為他顧及到了別人的面子，因此承辦該項業務的人員和各雜誌的編輯人員都很尊敬他、喜歡他，當然也就每年找他做評審了。

如此看來，給人面子實際上是一種「雙贏」，只要你時刻注意維護別人的面子，就會減少自己丟臉的機會。

某公司成立20周年的慶典，邀請函發了不少，企業行號紛紛派代表前來賀喜，按官場的習慣，來賓有級別高低之分，親近遠疏之別。然而人多手雜就免不了在安排上有疏漏，結果把該上主席臺就座的卻沒讓人家上去亮亮相，並且在主持人口中還把該單位放在某某公司代表中去了，這下可好，人家不高興了，轉頭就要回去。他的理由很簡單，我不是以個人名義來參加的，而是代表單位來賀喜的。你們不給我單位「面子」那我就走人。結果鬧得雙方都不愉快。

可見一個企業同樣不能沒有「面子」，「人為一口氣，佛為一爐香」，為企業爭「面子」就更加理直氣壯了，丟得起那份差事，可丟不起那張臉。

一個國家要面子，一個公司也要面子，一個老百姓同樣也要面子，只是所不同的是「面子」的「裝飾」不同，要求不一樣罷了。所以「面子」問題的確實不能小看。

光勞利是紐約一家木材公司的推銷員，他多年與那些冷酷

無情的木材審察員打交道，常常發生口舌爭辯，雖然最後的結果往往是他贏，但公司卻總是賠錢。為此，他改變了策略，不再同別人發生口角。

有天早上他辦公室的電話鈴響了，一個人急躁不安地在電話裡通知他說，光勞利運去他工廠的一車木材都不合格，他們已停止卸貨，要求光勞利立即把貨從他們的貨場運回去。原來在木材卸下四分之一時，他們的木材審察員報告說這批木材低於標準50%，鑒於這種情況，他們拒絕接受木材。光勞利立刻動身向那家工廠趕去，一路上想著怎樣才能最妥當地應付這種局面。通常，在這情況下他一定會找來判別木材檔次的標準規格據理力爭，根據自己作了多年木材審察員的經驗與知識，力圖使對方相信這些木材達到了標準，錯的是對方。然而這次他決定改變做法，打算用新近學會的「說話」原則去處理問題。光勞利趕到場地，看見對方的採購員和審察員一副揶揄的神態，擺開架勢準備吵架。光勞利陪他們一起走到卸了一部分的貨車旁，詢問他們是否可以繼續卸貨，這樣光勞利可以看一下情況到底怎樣。光勞利還讓審察員像剛才那樣把要退的木材堆在一邊，把好的堆在另一邊。看了一會兒光勞利就發現，對方審察得過分嚴格，判錯了標準。因為這種木材是白松。而審察員對硬木很內行，卻不懂白松木。白松木恰好是光勞利的專長。不過光勞利一點也沒有表示反對他的木材分類方式。光勞利一邊觀察，一邊問幾個問題。光勞利提問時顯得非常友好、合作，

並告訴他說他們完全有權把不合格的木材挑出來。這樣一來審察員變得熱情起來，他們之間的緊張開始消除。漸漸地審察員整個態度變了，他終於承認自己對白松毫無經驗，開始對每一塊木料重新審察並虛心徵求光勞利的看法。

結果是他們接受了全部木材，光勞利拿到了全額的支票。

一提到批評，人們馬上就會聯想到緊張的氣氛和不愉快。但婉言卻能使批評在輕鬆愉快中進行，光勞利即是透過給審察員面子，從而達到了自己的目的。

在當今社會，有不少年輕人常犯一種毛病：自以為有些見解，自以為有口才，逮到機會就大發宏論，把別人批評得一無是處，他自己則大呼痛快。人活臉，樹活皮，每個人都有自己的「臉皮」觀念，這關係到個人的尊嚴和地位。面對失敗者或是弱勢群體，如果不想到這一點，因為自己優越就無情地剝掉別人的面子，傷害別人的自尊心，抹殺別人的感情。這種舉動正是為自己的禍端鋪路，總有一天會吃到相同的苦頭。

所以，在社會上求生存，必須瞭解到這一點，這就是很多老於世故的人，寧肯放低姿態把高帽子一頂頂地送，而不輕易在公開場合說一句批評別人的話的原因，這樣做既能保住別人的面子，同時也為自己贏得了面子。

二、天之道利而不害，人之道為而不爭

　　大自然的規律是生養萬物但不居有，哺育萬物，但不主宰，所以天道有利於萬物，而不妨害它們。做人也應如此，有所施為，而無所爭執。它並不是安於現狀，不思進取，固步自封，而是對現有收穫的充分珍惜，對目前成果的充分享受。

　　處心積慮、強取豪奪來的終不會長久，公平、互利地競爭才是真正智慧的「不爭」，透過「不爭」而「爭」得來的才會長久。

功不在爭，利不在奪

老子說：「不自見，故明；不自是，故彰；不自伐，故有功；不自矜，故長。夫唯不爭，故天下莫能與之爭。」其意思是：不自我表現，所以高明；不自以為是，所以顯著；不自我誇耀，所以能建立功勳；不驕傲自滿，所以能長久。你不跟別人爭，誰還能爭得過你呢？

可見，「不爭」是爭的一種手段，同時也是交際當中的一種藝術體現。

有一個汽車推銷員，很少能成功地賣出汽車。原因是，他很喜歡和人爭執。如果一位買主對他出售的汽車說三道四的話，他就會惱怒地插對方的話，與對方辯論。每次他都能把對方駁得啞口無言，但同時，他也沒有能賣給對方一點東西。

這位汽車推銷員叫亞哈亞，他搞不懂自己為什麼不成功。便來找卡內基。卡內基教給他的辦法就是：拘謹不要講話，並避免口頭衝突。

如今，亞哈亞是紐約白色汽車公司的推銷明星。他介紹自己現在的做法是：「假如我走進一個買主的辦公室，他說：『什麼？白色汽車？你白送我我都不要。我要買某牌的卡車。』我說：『老兄，請你聽我講，某牌是一種好卡車，如果你買某牌的，你是不會錯的。某牌為一家可靠公司所製造，售賣的人也很好。』於是他就沒有話說了。沒有爭辯的餘地。然後我們離開某牌的話題，我開始講白色卡車的優點。」

同樣是推銷汽車，兩種方法卻收到了不同的效果，為什麼？

卡內基的結論是：天下只有一種方法能得到最大利益，那就是避免與人爭辯！

信陵君殺死晉鄙，拯救邯鄲，擊破秦兵，保住趙國，趙孝成王準備親自到郊外迎接他。唐雎對信陵君說：「我聽人說：事情有不可以讓人知道的，有不可以不知道的；有不可以忘記的，有不可以不忘記的。」信陵君說：「你說的是什麼意思呢？」唐雎回答說：「別人厭恨我，不可不知道；我厭恨人家，又不可以讓人知道。別人對我有恩德，不可以忘記；我對人家有恩德，不可以不忘記。如今您殺了晉鄙，救了邯鄲，破了秦兵，保住了趙國，這對趙王是很大的恩德啊，現在趙王親自到郊外迎接您，我們倉促拜見趙王，我希望您能忘記救趙的事情。」信陵君說：「我謹遵你的教誨。」

唐雎叫信陵君謙虛謹慎，淡忘功勞，這便是不爭，此乃真正高明的處世哲學。

清代錢泳的《履園叢話》中間講到這樣一件事情。

當年北京城裡有一個很出名的裁縫，他替人家做衣服很有意思。首先，他先要仔仔細細地看做衣服人的相貌，量量尺寸。接下來還要問年齡，性情。如果他從詢問中得知穿衣服的人是舉人，那麼他連什麼時候中的舉人都要打聽得清清楚楚。

人們都覺得奇怪，並且討厭這樣的詢問，可是又想不通

啊，就問他了，這是為什麼啊？

裁縫說：「胖的人，腰要寬；瘦的人，腰要窄。」

這叫套話、空話。其道理人人明白。

但是裁縫又慢慢地說：性子急的人或年紀小的人，衣服要短一點；性子慢的人或年紀大的人，衣服就要長一點。若是舉人，年少中舉人的，大都性情驕傲，走起路來挺胸凸肚，所以衣服要做得前面長，後面短。如果是年老中舉人的，大都意氣消沉，走起路來彎腰曲背，所以衣服要做得前面短，後面長。

這個裁縫非常高明，他不僅是量體裁衣，而且是綜合考慮了這麼多的要素來裁衣，這就是他的智慧、哲學。

我們可以想想，當年在京城裡，好裁縫肯定不少，要在京城裡立腳自是一件不容易的事。這位裁縫沒有去耍手腕，拉客戶，壓低價錢，偷工減料，做偽劣產品，炒作廣告等等。而是在「競爭」中「不爭」，是和自己在「爭」。他練內功，提高服務品質，顧客至上。這樣他自然會有好口碑，透過信譽做廣告，生意不就源源不斷地來了嗎！

西漢傑出將領衛青十年征戰，戰功赫赫，但每次受封都不忘與他浴血奮戰的將軍，河南之戰大捷後，誠懇地對武帝說：勝利是將士們英勇奮戰的果，我這樣無功受祿，今後如何激勵將士們奮力作戰呢？武帝覺得此話有理，便立即對衛青的十名部將賜爵加封。衛青這種居功不爭的風度，使士氣大振。正因為他不居功，他的功勞才會在皇帝和下屬的心中長留。這就是

不爭功功自顯。

當今是一個競爭激烈的時代，到處都有競爭，從小到大，從求學到升學，從升學到找工作，從個人到單位，從商戰到學術研究等等，人們爭權、爭利、爭名，比位子、房子、票子、車子、孩子、妻子等等。各行各業都在競爭，無處不充滿著競爭，處身其中，每個人就像上足了發條的鐘錶在努力地轉著！人們每天在競爭的壓力下生活，因此沒了童年的歡樂，少了少年的歡笑，缺了成長的幸福，而是一天到晚憂心忡忡。人們時刻準備著，為了「明天的競爭」！

俗話說得好：「塞翁失馬，焉知非福！」「爭」未必就是好事，「不爭」未必是壞事。不和別人爭，既能看清「爭」的社會情勢，又能認識對方，看清對方，同時還能認識自我。是以：「不爭功功自顯，不奪利利自來」，這是一條智慧路徑。

以靜制動，以柔克剛

俗語說：「百人百心，百人百性。」有的人性格好動，有的人性格好靜，有的人性格柔和，有的人則性格剛烈。縱觀歷史，我們不難發現，往往好動之人為好靜之人所制，剛烈之人容易被柔和之人所熔，正所謂：靜以制動，柔以克剛。

中國古代的名將韓信，家喻戶曉，婦孺盡知，其武功蓋世，稱雄一時，他是善用以柔克剛之術的。

韓信還未成名之前，並不恃才傲世，目中無人。相反，倒

二、天之道利而不害，人之道為而不爭

是謙和柔順，能屈能伸。有一天，韓信正在街上行走。忽然，面前擁出三四個地痞流氓。只見他們抱著肩膀，叉著雙腿，趾高氣揚地眯著眼睛斜視韓信。韓信先是一驚，隨即便抱拳拱手道：「各位仁兄，莫非有什麼事嗎？」

其中一個撇了撇嘴，怪笑道：「哈哈，仁兄？倒挺會說話，哈哈，我們哥幾個是有點事找你，就看你敢不敢做啦！」

韓信依然很平靜地說：「噢？不知是什麼事，蒙各位抬愛竟看得起不才韓信？」

那些人都哈哈地大笑起來，剛才說話那人說：「哈哈哈，什麼抬不抬的，我們不是要抬你，而是要揍你，哈哈哈──」

其他人也跟著失聲怪氣地笑著，指著韓信嘲笑他。

韓信看看他們，依舊平心靜氣地問：「各位，不知小可哪裡得罪了大家，你我遠日無仇，近日無冤，為何要揍小可，實在令在下如墜霧中，摸不著頭腦。」

那人怪笑三聲，說：「不為什麼，只是聽說你的膽子很大，今天我們幾個想見識見識，看你到底有多大的膽子，是不是比我們哥幾個膽子還要大？」

韓信一聽，這不是沒事找事嘛，故意為難自己，他心中很是氣憤。卻又忍住了怒火，面上賠笑道：「各位各位，想是有人信口誤傳，我韓某人哪裡有什麼膽識，又豈能跟你們相提並論，我沒有膽識，沒有膽識。」

那群人輕蔑地望著韓信，聽他這樣說，依然不肯放他過

去。那領頭之人，將寶劍抽出來，往韓信面前一扔，將頭向前一伸，對韓信說：「看你老實，今天我們不動手，你要有膽識，你把劍拿起來，砍我的腦袋，那就算你小子有種。要不然嘛，你就乖乖地從我的胯下鑽過去……」

韓信望望地上的亮閃閃鋒利的寶劍，又看了看面前叉腿仰頭而立的地痞頭頭，皺了皺眉，圍觀的人早已紛紛議論，都非常氣憤，讓韓信去拿劍宰了這狂妄的小子。

韓信暗暗咬咬牙，卻並未去拿那劍，而是緩緩俯身下去，從那人的胯下爬了過去。眾人無不驚愕，連那群流氓也楞在那裡發呆。韓信則立起身揮盡塵土，頭也不回，揚長而去。

從那以後，那群流氓再也沒找過韓信的麻煩。而韓信後來功成名就，又提拔當年的那個流氓作了小小的官吏，那人自然是感恩戴德，盡心盡力。

試想當時，如果韓信火冒三丈，一怒之下拾劍殺了那個人，那麼必然會有一場惡戰，勝負難料不說。縱使是韓信勝了，也免不得要吃官司，平空出橫禍，怕是英年早逝，誤了錦繡前程。

俗語說的好：「小不忍則亂大謀。」以柔克剛，恰似柔火煉鋼，總能將鋼燒熔。

有一對小倆口老吵架，想離婚，但又一想：我們這麼深的感情，還老是吵架，要是離婚找了別人還不更吵。兩人決定以旅遊的方式來緩和矛盾，拯救婚姻。兩人來到一條南北向的山

谷，他們驚奇地發現山谷的東坡長滿了松樹、女貞、樺樹，西坡只有雪松，為什麼東、西坡差別這麼大呢？他們發現雪松枝條柔軟，積雪多了枝條就壓彎了，雪掉下去後就又復原了。別的樹硬挺，最後樹枝被雪壓斷了，壓死了。兩人明白了，壓力太大的時候要學會彎曲。丈夫趕快向妻子檢討：都是我不好，我做得不對；妻子一聽丈夫檢討了，馬上也說：我做得也不夠。於是雙方又和好如初了。

任何東西過於強大就要走向自己的反面，刀再鋒利，如果一碰就斷，也沒有什麼用。「勢強必弱」即是這個道理。因此，為了避免失敗，要學會以柔克剛，使自己處於柔弱的狀態。

大、小兩頭豬共同生活在一個豬圈。豬圈的一邊有個踏板，每踩一下踏板，在遠離踏板的豬圈的另一邊的投食口就會落下少量的食物。如果有一隻豬去踩踏板，另一隻豬就有機會搶先吃到另一邊落下的食物。當小豬踩動踏板時，大豬會在小豬跑到食槽之前吃光所有的食物；若是大豬踩動了踏板，則還有機會在小豬吃完落下的食物之前跑到食槽，爭吃一點殘羹。這時，小豬採取了策略，就是站在食槽邊不動。這樣，小豬以靜制動就舒舒服服地吃到了食物，而大豬則為一點殘羹不知疲倦地奔忙於踏板和食槽之間。

這是個博弈結果，也可以將之提升為一種生活手段。老子說：穩重、隱忍是輕浮的根本，鎮靜、持重是躁動的主宰。以靜制動就像練氣功，打通周身經脈時要辟穀，最後凝成一股

氣，傷敵於無形。

在生活和工作中，我們難免會碰到無事生非，製造謠言，嫉賢妒能，偏聽偏信，以及各種以權勢壓人，陰謀詭計，欺騙虛偽之人。在這種情況下，我們要做到心平氣和，冷靜理智，

以己之長，克其之短，以不變應萬變。僅憑一時衝動不計後果地去做事情，最終只會兩敗俱傷，事情也必然鬧砸。反倒過猶不及，悔之晚矣。

坐熱冷板凳

在生活和工作當中，遭遇「冷板凳」是很多人都經歷過的事情：上下級之間的摩擦、同事間的糾葛，客戶的漠視……這使很多人在本該富於激情與創造的階段，還未嘗到甜頭就與「冷遇」狹路相逢，這使人很容易陷入意志消沉的困境。

其實，際遇再好的人也不可能一輩子遇不上「冷板凳」。如果真是遇到這種情況，也不要消沉，應該好好的反省一下，自己為什麼會坐冷板凳。

大部分坐「冷板凳」都有以下幾種情況：一是自己的工作能力有限。在工作中只能做一些無關緊要的事，但還沒有到必須開除的地步；二是有過犯錯誤的歷史，讓你的上司或你的老闆對你失去信心。因為他不可能再次用他的資本或職位來冒險，所以只好暫時把你冰凍起來；三是上司有意考驗你，為了使你在做大事時有面對挑戰的勇氣，面對繁雜的耐心，有身處孤寂

的韌性；四是人際關係方面的原因，使你莫名其妙地失去原有的優勢，坐起冷板凳來；五是你在言語或行為上的冒犯如果惹惱了肚量小的上司，你便有坐冷板凳的可能。還有能力過強，不懂得低調做人，太過於張揚自己，不懂得內斂，讓你的上司或老闆失去安全感，老闆怕你奪走商機去創業，上司怕你奪了他的位置，冷板凳不給你坐給誰坐？

當「冷遇」向自己招手的時候，不同的人會有截然相反的表現：有的人會無法容忍，不停對上司申訴、對同事抱怨，或者上躥下跳，活動打點；有的人感到慌亂、恐懼、猶豫，甚至逃避……豈不知正是這種對待困難的態度，讓他們一次又一次地品嘗失敗的滋味。他們只夢想著成功，卻從來沒想過自己為什麼失敗；他們像受驚的小鹿一樣盡力避開問題，可是每次他們都發現自己又來到了這些問題的面前。在生活與工作中，很多問題是繞不開的，如果沒有堅強的意志面對和解決它們，那麼一生你都會與這些問題相伴。孰不知，你的遭遇所有人都看在眼裡，可能有的人心裡在為你抱不平，但更多的只能讓大家對你由同情轉為厭煩，而且這樣做並不見得會有更多離開冷板凳的機會。

而有些人則不然，他會選擇老老實實地待在冷板凳上，甚至拿出一副把冷板凳坐穿的樣子，他會認真思考自己被推上冷板凳的原因。並這樣想，與其坐在冷板凳上，自怨自艾、疑神疑鬼，還不如調整好自己的心態，低調地做人做事，用業績向

他人證實自己，用耐心好好把冷板凳坐熱。

下面的這些做法或許在對付冷板凳問題上有幫助：

1. 為頭腦充電，提高自身的能力——當你坐冷板凳時，正好可以利用這一次時機廣泛吸收各種知識、搜集各種資訊，以此增強自己的實力。一旦時機到來，你便可一躍而起，爬得更高、顯得更加耀眼！在你坐冷板凳期間，別人也許正在觀察你，如果你自暴自棄，恐怕就沒有翻身之日了。

2. 禮貌謙虛，建立良好的關係網絡——很多人都有一種落井下石的劣根性，當你坐上冷板凳後，你的朋友可能同情你，想辦法幫助你；但那些平時對你有偏見的人這時可能就高興了，他們巴不得你永遠站不起來！所以當你身遭冷遇時，要學會以一種謙卑的態度廣結良緣。

3. 更加敬業，一刻也不要麻痹大意——儘管你坐上冷板凳後所做的事已經微不足道，但也要一絲不苟地做給別人看！別忘了，在你的背後依然有許多眼睛在觀望，給你打分數，如果你做得很好，他們就無話可說了。

4. 忍字當頭——能忍受閒氣及他人的嘲諷，忍受寂寞，忍受黎明前的黑暗，忍受虎落平陽被犬欺……你在忍給自己看，也在忍給別人看！

某公司一位中層幹部，他的工作曾得到老總的賞識，但後來不知怎麼了，突然被老總「冰凍」起來了。他不知道自己到底做錯了什麼。整整一年，老總沒正視過他，也不給他分配重

要的工作。但是，他仍然一如既往地辛勤工作。就這樣過了一
年，老總終於又重用了他，並且還給他加了薪。同事們都很佩
服他的堅定和耐心，說他把冷板凳坐熱了。

　　坐冷板凳時，心裡的滋味肯定不好受，不過，光是難過也
於事無補。檢討自己的缺點後，如果你還願意為公司效力，想
要坐熱冷板凳，就要要求自己在冷板凳上有極佳的表現，績效
便是「鹹魚翻身」的最佳籌碼。

　　真正能夠成功的人都瞭解，人生總有一個門檻，除了堅定
和堅忍以外，再也沒有任何辦法可通過。但是最危險的是，在
這節骨眼上，都很容易讓人灰心。

　　愚者錯失機會，智者善於抓機會，成功者創造機會。機會
只給準備好了的人。準備二字，並非投機取巧。在堅韌面前，
機智和投機取巧都會黯然失色。誠然，機智和投機取巧可以使
你一時地離開困境，但是並不能保證以後你陷入同樣的困境時
仍然能全身而退。相反，堅定和忍耐卻讓你堅守陣地，低調的
奮發圖強會使你重新得到新的機遇。有了堅韌的品格，低調的
做人做事境界，不但這一次的問題迎刃而解，也不會懼怕以後
遇到的惡劣情況，更重要的是也為自己贏得了寶貴的人生財富
——良好的聲譽。

　　不管你因為什麼原因坐上冷板凳，你都可以採用這一機會
好好訓練自己的耐性，磨煉自己的心志。讓自己保持在最佳狀
態，自然會等到翻身的那天。「當你坐上冷板凳時，那就坐下

去好了，有什麼可怕的？只要你有耐心，就可以把它坐熱。」
如果坐不住冷板凳，那麼你就正中某些人的下懷，或者被人看
輕，到時候後悔莫及！

抱怨懷才不遇，不如抓住時機

　　人一生的發展，有許多的不同。其中存在著許多機遇、挫
折和成功，如果能較好的把握機遇，不斷地積「小成」為「大
成」，則最終將成為「成功人士」；如果不斷地重複犯錯誤，
挫折總是多於成功，則無論一生遇到過多少機遇，最終將
一事無成。

　　在地中海東岸的沙漠中生長著一種特殊的蒲公英，它不是
按常規來舒展自己的生命，如果沒有雨，它們一生一世都不發
芽、不開花。但是只要有一場小雨，不論這場雨是在什麼時候
落下的，它們都會抓住這一難得的機會，迅速發芽、開花，並
在雨水被蒸發完之前，抓緊時間做完結子、傳播等所有的事情。

　　以色列人把它送給擁有智慧而又貧窮的人。他們認為，在
這個世界上，平民百姓發展自己、提升自己的機會就像沙漠中
的蒲公英遇到雨水一樣少得可憐。送蒲公英的目的，是在時時
提醒他們在自己處境困難時，不要悲觀失望，不要怨天尤人，
只要耐心地等待機會；而一旦機會到來，就要果斷地猛撲過去，
抓住不放，大膽地去實踐，同樣會成為一個富裕和了不起的人。

　　當今，「懷才不遇」好像成了時下人們的一種通病，他們普

遍的症狀是：滿腹牢騷，喜歡批評一切，並時常顯出一副抑鬱不得志的樣子。

當然，由於客觀環境無法與之適應，的確有懷才不遇之人，出現千里馬無緣遇伯樂的現象，但如果你真是一匹千里馬，第一次和伯樂失之交臂，那還會有第二次、第三次遇伯樂的機會，總有一天你會被伯樂發現的。

有懷才不遇想法的人，碰不到施展才華的機會，這其中也有其自身的原因。他們從不懂得低調是什麼，常常自視清高，張揚自己的學問與才華，看不起那些能力和學歷比之低等的人。當今社會，並不是你有才氣，就能成就大器。別人看不慣你的張揚與傲氣，就會找機會為難你。至於你的上司，你的才能本來就威脅到他的生存，加上你不懂得低調，生怕別人不知道你的才能，那麼他怎麼會不打壓你，最後的結局就是：你變成了一位「懷才不遇」者。

還有一種懷才不遇者，就是自我膨脹的庸才。由於自身無能，當然得不到重用。但他們並不認為自己沒用，反倒認為無人識才，認為自己懷才不遇，於是到牢騷滿天，苦水亂吐。

不管是真的有才還是庸才，懷才不遇者幾乎成了人見人怕的瘟神。他們不開口則已，開口就是批評同事、主管、老闆，然後吹噓自己多麼有才，多麼能幹，聽者也只好點頭稱是，不然，也會遭到相同的責罵。

最後的結果就是，「懷才不遇」之感越多的人，就會把自己

孤立在一個圈子裡，甚至無法與其他人的圈子相交。人人都怕惹麻煩，不敢與之相處，將其視之為「怪物」，敬而遠之！一個人如果給眾人的印象已成定局，那除非遇到貴人大力提拔，否則將很難改變這一印象。要麼辭職，另謀他就，要麼外調。如此重複的辭職、謀職、內調、外調，總是在小職員的行列中掙扎徘徊，則真正成了一輩子的「懷才不遇」者了。

所以，一個人不管才幹如何，難免會碰上無法施展自己才能的時候，遇到這種時候千萬要記住：努力把握好每一次機遇，在低調中積累自己的實力，而不要自怨自艾。

其實，每個人來到大千世界當中，都不甘平庸和寂寞，都想有一番作為。當你沒有獲得成功的時候，也許你抱怨上天沒有給你一個良好的機會，自己的運氣不佳，於是就有可能消沉下去，甚至也許會對所有成功的人產生嫉恨。

由嫉妒而生恨，則言語有所表露，行為有所展示，別人也會因此而疏遠你，你也就更找不到發揮自己能力的機會。所以，當你懷才不遇的時候，一定要泰然處之，低調一些，利用自己的才智去尋找機遇。事實上，許多機遇就在我們每一個人身邊，只是你沒有抓住它。

一位教行銷學的老師問他的學生：「什麼叫機會？」學生的回答五花八門，有的 說：「機會就是你碰到了別人碰不到的那種特別的運氣」；有的說：「機會就是別人對自己的關照」；還有的說：「機會就是你平時經營的種種關係」。這位老師未置可否，

二、天之道利而不害，人之道為而不爭

只是給學生講了他出國考察時瞭解到的一件事情。

泰國許多地方盛產椰子，而椰樹高達十幾米，且樹幹光滑沒有枝枒，採摘椰子的難度非常高，每年上樹摘椰子都要出一些安全事故。一位高中畢業的椰農設立了一個馴猴學校，主要是訓練猴子摘椰子的技術。然後把這些訓練有素的猴子賣給那些園主或者是想以出租猴子為業的農民。因為猴子摘椰子的工效比人高了三四倍。結果，他訓練的猴子供不應求。短短幾年這位農民就成了當地首屈一指的富翁。

老師接著闡述了自己的見解，他說：「那個泰國農民如果不瞭解椰農摘椰子的艱辛，沒有一雙善於尋找的眼睛，機會永遠也不會來到他的面前。」

你要相信，這個世界沒有懷才不遇，在任何一個環境，不要只會羨慕那些有成就的人，實際上我們自己每天的工作會給我們帶來許多浮出水面的機會，也就是說，我們每天都有機會。很多人缺乏的不是機會，而是主動進取的態度。當你在抱怨懷才不遇的時候，你首先要問問自己的能力到底有多少，要檢討自己是否有所欠缺，並改進，做到自我超越，然後才會真正地發現路在腳下，如果一味地局限在「以成敗論英雄」的情緒中，最後只能走向自己思維的死胡同。

成功，是從腳下的路開始的，低調一些，努力地做好身邊的每一件事，而不要做懷才不遇的「牢騷大王」。那麼，成功就離你不會太遠了。

巧詐不如拙誠

「巧詐」，是指心懷鬼胎，有目的有意圖地故意表現出某些能夠吸引人迷惑人的假像，是自以為聰明的奸詐之舉。「拙誠」則是指心中不存惡念，誠心誠意地做事。

「巧詐」這種做法，乍看起來，機動靈活，善於應變，亦容易抓住別人的心，很有好處。實際上，這種做法則往往會搬起石頭砸自己的腳，弄巧成拙。所謂能瞞過人一時，但瞞不了一世，日子一久，人家就會發現他是個不值得信賴的人。所以巧詐之人，縱有利益可圖，也是極為短暫的，其下場也不能善終。「拙誠」或許有時行為舉止略顯愚直拙笨，但從不欺瞞別人，或許不能立即抓住人心，但他的滲透力如水般無處不在。

在中國歷史的宰相當中，有一位是由於一句實話而被選中的，他就是唐初大臣——馬周。唐朝貞觀五年，天下大旱，河流乾涸，莊稼枯萎，土地因嚴重缺水而出現了裂縫，老百姓苦不堪言。

唐太宗李世民看到這種情況，心情異常沉重，坐立不安。當時，社會上流行一種說法，即有災害說明朝廷的政治上有弊端。儘管李世民不完全相信這種說法，但他認為興利除弊對老百姓只會有百利而無一害，於是立即下詔，命令文武百官上書議事，破除一切限制，有話直說，可以當場揭露、指責任何官員的錯誤，對皇帝本人和朝廷的問題也可公開指出，以便革故鼎新，讓黎民百姓渡過難關。

二、天之道利而不害，人之道為而不爭

　　詔令公佈之後，文武百官認為這是一個效忠的極好機會，個個爭先恐後，奮筆疾書，紛紛向皇帝上奏章，表達自己的意見。李世民見狀，真是又喜又憂。喜的是文武百官敢於發表自己的意見，有利於朝政的整頓；憂的是國家竟然存在這麼多的問題。

　　當文武百官個個直言上書時，有一位官員卻在那裡抓耳撓腮，無計可施，他就是中郎將常何。常何是一介武夫，只知道出兵打仗，根本沒什麼知識能力，不知道該對皇上說些什麼，更不知道如何寫成奏章。

　　但是，當常何的奏章送到李世民的手中時，李世民看到的卻是洋洋灑灑、字字珠璣、條理清晰的文章。其中，光批評建議就羅列了二十餘條，並且條條都言之成理，極具參考價值。唐太宗看完之後，異常興奮，但是興奮之餘，也感到奇怪：常何是一個武夫，平時只會舞槍弄刀，他什麼時候變得這麼文采飛揚？百思不得其解的唐太宗決定立即召見常何進殿，以解除心中的疑惑。

　　常何一聽說皇上要召見自己，不知道發生了什麼事，心情不免有些緊張。

　　唐太宗見到常何便問：「常愛卿，朕已經看了你的奏章，寫得很好，對某些問題的看法有獨到的見解。不過，這篇奏章真是你寫的嗎？」常何一聽是有關奏章的事，心中稍稍舒了一口氣，老實回答說：「回皇上，臣是一介武夫，哪有那個本事，不

敢欺騙皇上，這奏章是我的一個門客寫的。」「你的門客？叫什麼名字？他現在哪裡？快快告訴朕。」唐太宗迫不及待地問。

「皇上，這個門客名叫馬周，是山東人，從小父母雙亡，孤獨一人，無依無靠，貧困潦倒。前些日子，他流浪到了長安，正好被臣遇到，臣見他可憐，就收留了他。那天，他見臣愁眉不展，就問發生了什麼事，臣便把寫奏章的事告訴了他，第二天，他便起草好了這份奏章。」

唐太宗一聽，急忙吩咐常何召馬周進殿。由於愛才心切，還不到一個時辰，唐太宗就連派了五個使者催促。馬周得知消息後，更是不敢怠慢，立即進宮拜見皇上。

唐太宗見到馬周後，問了他許多政事，馬周對答如流，同時還提出了許多有價值的建議。這令唐太宗非常高興，唐太宗隨即讓馬周到門下省任職，先鍛煉一下再提拔重用。

後來，馬周憑藉個人的才智步步高升，直至宰相之位，成為唐初著名的大臣之一。

唐太宗想聽實話，常何和馬周都說了實話。一代名相由此脫穎而出。

據說，尼泊爾的喜馬拉雅山南麓以前很少有外國人涉足。後來，有許多日本人到這裡觀光旅遊，是源自一位少年的誠信。一天，幾位日本攝影師請當地一位少年代買啤酒，這位少年為他們跑了 3 個多小時。第二天，那個少年又自告奮勇地再替他們買啤酒。這次攝影師們給了他很多錢，但直到第三天下

午那個少年還沒回來。於是，攝影師們議論紛紛，都認為那個少年把錢騙走了。第三天夜裡，那個少年卻敲開了攝影師的門。原來，他只購得 4 瓶啤酒，爾後，他又翻了一座山，趟過一條河才購得另外 6 瓶，返回時摔壞了 3 瓶。他哭著拿著碎玻璃片，向攝影師交回零錢，在場的人無不動容。這個故事使許多外國人深受感動。後來，到這兒的遊客就越來越多了。

巧詐和拙誠是背向而立的兩種道德取向，拙誠是取信於人的綠卡，巧詐是喪失信譽的商標。商鞅變法造就了強大的秦國，他所做的第一件事不是推出什麼法令，而是真摯誠實地做利國利民的事。

言而有信，一諾千金才是取得民心的基本內涵。孔子的學生子張曾經問孔子說：「老師，怎麼做才能使自己處處行得通呢？」孔子回答說：「說話要忠誠老實，辦事要嚴守信用，為人要厚道實在，無論你走到哪裡都行得通。如果你言語欺詐無信，行為刻薄輕浮，就是在你的本鄉本土也行不通。」因此，一個人只有以誠待人，忠實處世才能得到他人的信任和社會的認可。

「路遙知馬力，日久見人心」，放下巧詐，低調做人，捧出拙誠，你就會立於不敗之地。

勤勉做事，坦率做人

「勤勉」就是以勤勉之道勵前行之志。機會不會眷顧毫無

準備的人，要成就一番事業，就必須比別人付出更多的辛苦。任何成功都離不開勤勉，離開了勤勉，那便意味著你放棄了成功。勤勉不是天生就有的，而是後天自己不斷養成的。

一位著名的鋼琴演奏家，在精彩演出後，接受記者的採訪。

記者問：「大師，您的技巧如此精湛，還要每天花時間彈琴嗎？」

演奏家說：「如果我一天不練琴，我便會覺得手指生澀。如果三天沒練琴，我的朋友們便會知道，倘若一星期不練琴，所有的聽眾都會聽得出來。」

梅蘭芳年輕的時候去拜師學戲，師傅說他生著一雙死魚眼睛，灰暗、呆滯，根本不是學戲的材料，拒不收留。天資的欠缺沒有使梅蘭芳灰心，反而促使他更加勤奮。他餵鴿子，每天仰望長空，雙眼緊跟著飛翔的鴿子，窮追不捨；他養金魚，每天俯視水底，雙眼緊隨著遨遊的金魚，尋蹤覓影。後來，梅蘭芳那雙眼睛變得如一汪清澈的秋水，閃閃生輝，脈脈含情，終於成了著名的京戲大師。

「寶劍鋒從磨礪出，梅花香自苦寒來。」大凡有作為的人，無一不與勤勉有著難解難分的淵源。勤奮鑄就成功，一個人只要勤於工作，就會有成功的必然，無論有什麼壓力，只要有勇氣戰勝它，就會有成功的機會。

「坦率」則是真誠、坦白、公正、和善。每個人，不論地位高低，生活貧富，生命長短，都希望自己的一生平安快樂。而

快樂的源泉，則來自於坦誠的心胸。胸懷坦蕩的人有膽氣，有毅力，遇挫折不氣餒，逢艱難不懼怕，不隨波逐流，不向邪惡低頭，始終保持自己的氣節。

生活和工作中，也許我們更多的是一種故作姿態，從而忽視了低調的做人準則，自身的率性和率真，使得人與人交往中不知不覺地增添了隔膜，使他人和自己的本色越來越被淹沒起來。

有一個年輕的居士，去拜訪一位高僧。他們從早上一直談到中午，禪師覺得這個居士雖然年輕但十分博學。到了吃飯時間，小和尚看兩人談得投機，便為兩人準備了一大一小兩碗面。高僧看了一下，將大碗推到居士面前，說道：你吃大碗的吧！

按照常理，居士應該將大碗再推到高僧面前，以示恭敬，可是居士一點都沒有推讓，張口就吃。高僧見他這樣，不由皺起眉頭，心裡想：本以為他慧根不淺，可是居然一點也不懂得禮儀！

居士吃完後，見高僧根本沒有動筷子，還看到高僧繃著個臉，就笑著問：師父為何不吃？高僧一言不發。居士笑著說：我確實是餓了，只顧自己狼吞虎嚥，忘記師父了。如果我將你推給我的大碗再推到您面前，那不是我的本願。既然不是我的本願，我為什麼要那樣做呢？我要問師父，你推我讓的目的是什麼？

高僧回答：吃飯。

居士嚴肅地說：既然目的是吃飯，您吃是吃，我吃也是吃，何必再你推我讓！難道您把大碗讓給我不是真心的嗎？如果不是真心的，那麼又為什麼這樣做呢？

高僧聽完居士的話頓有所悟。

其實，過分客氣是虛假的表現，繁瑣禮儀是多餘的形式，坦率真誠才是做人的本色。

格里·克洛里斯在給西爾斯公司做採購員的時候，他發現自己犯下了一個很大的估計上的錯誤。有一條對零售採購商至關重要的規則是不可以超支你所開帳戶上的存款數額。如果你的帳戶上不再有錢，你就不能購進新的商品，直到你重新把帳戶填滿——而這通常要等到下一次採購季節。

那次正常的採購完畢之後，一位日本商販向格里展示了一款極其漂亮的新式手提包。可這時格里的帳戶已經告急。他知道他應該在早些時候就應準備下一筆應急款，好抓住這種叫人始料未及的機會。此時他知道自己只有兩種選擇：要嗎放棄這筆交易，要麼向公司主管承認自己所犯的錯誤，並請求追加撥款。而這筆交易對西爾公司來說肯定會有利可圖，正當格里坐在辦公室裡苦思冥想時，公司主管碰巧順路來訪。格里當即對他說：「我遇到麻煩了，我犯了個大錯。」他接著解釋了所發生的一切。

儘管公司主管不是個喜歡大手大腳地花錢的人，但他深為

格里的坦率所感動，很快設法給格里撥來所需款項，手提包一上市，果然深受顧客歡迎，賣得十分火暴。而格里也從超支帳戶存款一事中汲取了教訓。而更為重要的是，他意識到這樣一點：當你一旦發現了自己陷入了事業上的某種錯誤，怎樣爬出來比如何跌進去更為重要。當你不小心犯了某種大的錯誤，最好的辦法是坦率地承認和檢討，並盡可能快地對事情進行補救。

少一點虛假，多一點誠意。我們聽了太多的讓梨的故事，而忽視了自身的存在與本色。我們習慣於表像的禮儀，而淡忘了率真的本性。

在生活中，要盡可能地勤勉與坦率，保持心中的一方淨土，盡可能地拭去心鏡上的塵埃，以照見世間萬象，而使自身少受一點慾念牽拌，去理解和感悟生命的意義。再坦率一些，再真誠一些，再低調一些，就會使彼此再少一些隔閡，人與人相處就會變得更加和諧。

有所不為才能有所為

德國詩人歌德說：「一個人不可能騎兩匹馬，騎上這匹，就要丟掉那匹。」

義大利經濟學家、社會學家維弗雷多柏拉圖也提出的「二八定律」中也指出：在任何一組東西中，最重要的只占其中一小部分，約 20%，其餘 80% 儘管是多數，卻是次要的。這條定律指向的是重點原則：凡事總有重點，總要抓住重點，不宜平均用

力。如果用中國的哲學原理來概括其精髓，便是「有所為，有所不為」了。

每一位渴求成功的人，尤其是處於初級階段的創業者，務必要時時提醒自己，不要以為到處出擊才有收穫，而應當像錐子那樣，鑽其一點，各個擊破，讓自己在某一方面展示出自己的特長。

李‧布雷克森生於北卡羅萊納州，父親是貧苦的鐵匠。他在 12 名子女當中排行第 10。他年少時非常用功，在學校的功課是第 6 名。他替人擦鞋、送雜貨、送報紙、洗車，還當過技工學徒。結婚之後，他的收入微薄，和妻子節衣縮食，卻也只夠溫飽，更可怕的是，布雷克森又失業了。由於付不起抵押貸款，他的房子即將遭到拍賣。

絕望之時，布雷克森發現並閱讀了一本關於致富的書《要追求財富》，他告訴自己，「我必須做一件事情，那就是首先必須培養積極的態度，選定一個明確的目標，才能突破困境。我一定要走出去，就從現在找到的第一份工作開始。」

他找到了一份工作，起初薪水並不高，但是他還是堅持了下來。幾年之後，他籌建了懷特維第一國家銀行，並擔任總裁。其後又當選為市長，經營著許多成功的企業。

如果你想要成功，從今天開始，將目標牢記在心裡，並努力為之而奮鬥，不要再輕易放棄。當問題出現的時候，就像一匹狼捕獵物那樣，迎頭加以處理，這樣你就不會被悲觀失望的

情緒所左右了。

　　1957 年，松下毅然放棄已經投資 15 億日圓，研究長達五年之久的大型電腦專案。消息傳出，日本上下為之震驚。因為松下的兩台樣機十分先進，不久就可以進行市場推廣和大規模的工業化生產。松下放棄的原因是因為在幾周前美國大通銀行的副總裁到松下訪問，談話中不覺就把話題轉到電子電腦上。當副總裁聽到日本目前包括松下在內，共有七家公司生產電子電腦時，嚇了一跳。他說：「在我們銀行貸款的客戶當中，電子電腦製造廠幾乎都經營得很不順利。雖然因為別的部門賺錢才沒有讓公司垮下來，而電子電腦部門幾乎都發生赤字。就以美國來講，除了 IBM 公司以外，所有公司對電腦專案都在減縮之中，而現在日本一共有七家，恐怕太多了一點吧。」副總裁走了以後，松下作了仔細周詳全面地考慮後，權衡利弊，最終決心從大型電子電腦上撤退。因為松下的大型電腦專案在接下來的開發、生產以及市場推廣還需要投入近 300 億日圓，如果放棄雖然損失 15 億，但是這個決定避免了 300 億的損失。這個決定使松下更加專注於對電器和通訊事業的發展，使松下逐步成長為當今世界的電器王國。

　　從這個事例可以看出，「有所不為」可以讓企業輕裝上陣，更加理性地進行盈利模式選擇，專案選擇以及制度選擇，是企業策略的重要工具。

　　推彼及己，人生也是如此，我們不可能無限地擁有生命，

人的精力、時間也是有限的。只有科學地分配好自己的精力，才能充分地開發自己的潛能；只有把有限的精力集中於某一項工作，才能取得突破性的進展。

著名作家老舍，他的文史知識、社會經歷可謂豐富，各個時代的人物都活靈活現地躍動在他的筆下。然而，他的幾個孩子談起自然科學的話題時，他卻插不上嘴。因為這方面他知之甚少。

值得注意的是，人生有很多東西是可以放棄的，但萬萬不可輕言放棄的是——努力。

鯪魚和鰷魚試驗的例子恰好說明了這一點。實驗者用玻璃板把一個水池隔成兩半，把一條鯪魚和一條鰷魚分別放在玻璃隔板的兩側。開始時，鯪魚要吃鰷魚，飛快地向鰷魚遊去，可一次次都撞在玻璃隔板上，遊不過去。過了一會兒工夫，鯪魚放棄了努力，不再向鰷魚那邊遊去。更有趣的是，當實驗者將玻璃板抽出來之後，鯪魚也不再嘗試去吃鰷魚！鯪魚失去了吃掉鰷魚的信心，放棄了已經可以達到目的的努力。

其實，作為萬物之靈的人，有時也犯鯪魚那樣的錯誤。許許多多的教練員和運動員斷言：要人在 4 分鐘內跑完 1 英里的路程，那是絕不可能的。然而，有一個人首先開創了 4 分鐘跑完 1 英里的紀錄，證明了他們的斷言錯了。這個人就是羅傑・班尼斯特。數十年前被認為是根本不可能的事情，為什麼變成了可能的事情？是因為有人沒有放棄努力。

由此可見，很多障礙並不是存在外界，而是存在於我們的心裡。幾乎每個勝利者，都曾經是個失敗者。勝利者與失敗者的重要區別是：勝利者屢敗屢戰，絕不輕易放棄努力；失敗者屢戰屢敗，可惜的是放棄了努力。

聰明的狼，在捕捉獵物時絕不會四處追擊，如果這樣它一個獵物也捕捉不到。同樣，聰明的人也絕不會四處出擊，想要事事精通，結果只能樣樣稀鬆。你的每一種慾望，都會跟你的另一些慾望發生衝突。如果你窮於應付，想全知全能，你就會被折磨得煩惱叢生，最終將一事無成。

以人為鏡，滌除玄覽

鏡子，歷來是人們查看自我形象的不可或缺之物。人的儀容外表怎樣，可以在有形的鏡子中映現出來；人的思想、心靈、行為究竟如何，卻需要到生活之鏡中去查看驗證了。墨子曾說過：「君子不鏡水而鏡於人，鏡於水，見面之容；鏡於人，則知吉凶。」意思是勸導人們要像君子那樣，不要以水為鏡，而應以人為鏡。我國古代，像這樣會「照鏡子」的不乏其人。

戰國時的齊威王便是一個。他樂於接受鄒忌的諷諫，廣開言路，鼓勵臣民批評朝政，並正確對待這些批評，使國家很快強盛起來，最後「戰勝於朝廷」。

唐太宗李世民，之所以能夠締造歷史上少有的盛世輝煌，也是因為他喜聽與善取各種建議，深諳「兼聽則明，偏信則暗」

之理。其直諫大臣魏徵曾上疏數十，直陳其過，勸太宗宜內自省，居安思危，察納雅言，擇善而從。

魏徵死後，太宗親去弔唁，痛哭失聲，歎曰：「以銅為鏡，可使穿戴之時，端莊齊整；以史為鏡，可知歷朝以來，存亡興替；『以人為鏡』，可觀人之舉措，以明本身得失，吾常保此三鏡，以防己過。今魏徵已死，吾亡一鏡矣。」

正是因為「以銅為鏡，可以正衣冠；以古為鏡，可以知興替；以人為鏡，可以明得失。」這種治國之道起的作用，使他不斷地反省自己，傾聽和採納大臣的良諫，以儘量避免自己的過失給國家帶來禍患。才有了唐朝歷史上的著名太平盛世「貞觀之治」。

俗話說：「人貴自知。」生活的面貌是由我們自己塑造的。我們要學會以別人為參照，從而才能看清自己的長處和短處。吸收別人的優點，改正自己的缺陷。正確地評價自己，才能為自己找到人生的座標，為自己準確的定位。

當兩個人各有一個蘋果，相互交換，結果每個人還是只有一個蘋果。然而，當兩個人各有一種思想，相互交換以後，每個人卻擁有了兩種思想。但是，要做到後一種結果，必須要求這個人具有勇氣、胸懷和智慧。當一個人能做到以開放的心態，以別人為鏡子，虛心地去接受和理解新事物、新知識、新思想、新觀點的時候，那麼他將永遠比常人出類拔萃，具備成功的必要條件。人最難戰勝的就是自己，如果我們首先努力做

到一個不斷追求自我完善的人，那我們在成功的路上就已經邁出了一大步。

「以人為鏡」是人們獲得自我評價的主要途徑，人們總是以周圍人們對自己的評價為依據，參照父母、老師、同伴對自己的評價來估價自己。美國心理學家庫利認為：周圍人們的評價就像一面鏡子，我們從這面鏡子裡看到自己是什麼，怎麼樣。當然，並不是每個人的評價都會對我們產生影響，也不是每個人對我們的評價都同等重要。我們總是要將別人對自己的評價進行整合，從而形成自我評價，那些經常出現的評價、那些我們比較重視的評價就成為自我評價的主要內容。

在一個小圈子中，自己可能很重要，但是一旦脫離這個圈子，自己就很可能是微不足道的一員。和別人交流過後，有了參照物，才會意識到如何把自己無限放大。其實，我們只是眾多人中平凡得不能再平凡的人，我們只有站在鏡子前面，面對自己的心，才會看到真實的自己。只有把自己放對位置，才會把別人放在一個比較合適的位置。

一位聯合國的親善大使去非洲的一個國家，回來以後，他就宣稱那裡是全世界最差勁的主人：海關人員板著一張臉，計程車司機態度惡劣，餐館侍者傲慢無理，市民不耐煩而又有敵意。後來，這位親善大使看到一段話：「世界是一面鏡子，每個人都在其中看到自己的影像。」於是，第二次去那個國家時，他決定一路保持著微笑。結果竟看到海關人員，計程車司機，侍

者——人人都是臉上掛著笑容，親切友善。

　　一個善於學習的人，到處都可以找到學習的鏡子。並以別人的優缺點為鏡，以別人的得失成敗原因為鏡，以別人對人對己的態度為鏡，汲取有益的養料，從中認識自己，做到自鑒，自省、自重、自勵。做到明白人性，明白「得失」。

　　因此，當自己已經為外物所玷污感染，無法再洗淨自我的心境時，就要以低調的心態去觀察各種事物的玄妙，善於以人為鏡，以善良人和好心人為鏡，拾遺補缺，修正錯誤，趨於完美，而不被自己的缺陷所遮蔽。

　　雄鷹是因為看到藍天的高遠，才知道自己的渺小，然後才搏擊長空；小溪是因為看到大海的遼闊，才知道自己的細微，然後才奔向大海；人們是因為看到了別人的優秀，知道了自己的不足，然後才知恥而後勇。

　　世上本無完人，任何人身上都存有缺點，所以我們沒有必要害怕批評，諱疾忌醫。而應該以人為鏡，善於從別人身上映射出自己的瑕疵，善於聽取別人的意見，對自己的言行加以矯正，從而一步步的趨於完美。

　　以好心人和正直人為鏡，就能拾遺補露，糾正不足，防止過錯，趨近完美，我們每一個人都應樹立起這樣一面明鏡，以便時常觀察自己，審視自己，矯正自己。

　　正所謂：讀萬卷書，不如行萬里路；行萬里路，不如閱人無數；閱人無數，不如重複成功人的腳步。低調地去學習，以達

到舉一反三，觸類旁通，乃為智者。

急流勇退，遠離競爭

　　古語講的好：建功立業，功既成，身應退。當事業全盛時期能毅然引退，自己意足，他人也羨慕不已。這樣去做，不但是自己安全，就是他人也不會嫉妒，實在是「明哲保身，受人尊敬」的好方法。

　　古往今來的好鬥者，終其一生在不斷地爭鬥。有爭鬥就得有爭鬥物件，當一個爭鬥物件被消滅後，就會尋找新的爭鬥物件。當所有的爭鬥物件都消滅後，還會將自己同甘共苦過的朋友、親近的人作為新的爭鬥對象，做進一步地剿殺。於是，在浩瀚的歷史長河中，智者逐步悟出了「急流勇退，見好就收」的理論。

　　范蠡、文種乃開國功臣，范蠡知越王只能「共患難」，不能「共富貴」，就帶著西施經商而致富，范蠡急流勇退，既得美人相伴，又賺了大把銀子，日子過得是悠哉快哉！文種由於不聽范蠡的忠告，想繼續當勾踐的忠臣，結果被勾踐所殺。

　　著名軍事家孫臏，馬陵之戰，圍魏救趙，一舉全殲魏軍，成就齊威王稱霸中原的大業。當他既實現了自己的理想，也報了龐涓無端加害之仇之後，便不再留戀政壇十幾年創下的功名利祿，在奸相鄒忌要加害之時，隱退出局。

　　劉伯溫幫助朱元璋平天下、治天下，待明白該急流勇退

時，已經晚了。在建明後的一段時間裡，他為朱元璋出謀劃策，已經得罪了不少重臣。結果，雖辭仕退居鄉里過起隱居生活，但還是遭到胡惟庸陷害，積憂成疾而死。如果劉伯溫在朱元璋登基稱帝前夕，就退隱鄉里，就決不會遭到後來剝奪俸祿的冤屈，過著靜心修養，樂哉快哉的生活。

由此可見，能在風光無限之時急流勇退的人才是真正的聰明人和智者。

美國第一任總統華盛頓，帶領民眾打跑了英國殖民主義者，建立美利堅合眾國，被尊為「美國國父」。建國後，德高望重的華盛頓被推選為美國第一任總統。四年以後他因治國有方，在選舉中連任總統。此次任期屆滿後，按照他的政治經驗和出色政績，如果參加第三屆總統選舉，仍會高票當選。但是華盛頓卻發表了致美國人民的告別辭：「我已下定決心，謝絕任何將我列為候選人的盛情。我越來越確定自己的退休是必要的，而且是受歡迎的。我應當退出政壇。」

華盛頓在功成名就之際辭去官職，不僅顯示出他卓越的民主意識，而且也為美國總統連任不超過兩屆開創了先河。因為美國憲法賦予總統的權力相當大，年限的限止，有利於保證執政者不至於大權獨攬，侵害政治民主。

1799 年華盛頓逝世後，不僅美國民眾萬分悲痛，世界各國也深表哀悼。當時還沒有聯合國，但很多政府都自發組織紀念活動。法國政府機構懸掛十天黑紗，世界各國都在悼念這位出

色的政治家。甚至連當初敵對國英國的軍艦也降下了半旗以表哀悼。「他是獨立戰爭時期的第一人，和平時期的第一人，美國同胞心目中的第一人」美國國會追悼他時，有位政治家在演講中如此評價這位偉人。

開國立功勳，治國有方略，急流勇退開先例，偉人華盛頓，不愧為世界史上罕有的一位完人。美國能有今天，與華盛頓破天荒的壯舉不無關係，不求權力不謀職位，這是何等的胸襟和膽略。沒有海一般寬廣的胸懷，如何能做到。

急流勇退是一種大智慧，道家「盛極必衰，月盈必虧」的樸素辯證法便是很好的詮釋。因此，我們對自己所從事行業的前景必須有清醒的認識。做到明察善斷，占盡先機；審時度勢，急流勇退。「舊鞋子沒破該扔就得扔，老生意好做該變也得變。」一個良好的撤退，也應該和偉大的勝利同樣受到尊敬。

當一個人官高祿厚登峰造極的時候，就應當有所準備，萬一有什麼不幸或變故的話，也不至於一蹶而不振。所以，凡事應留餘地，就是不為自身的榮辱打算，也當為後世子孫的安危著想。

當代的職場，一些人經過多年的打拼和磨煉，在職場中已構建了自己的一番作為，志得意滿。在企業領導層中也許是「一人之下，萬人之上」的「元老功臣」，然而在自己權力將達到巔峰之際，卻毅然決然地選擇了「歸隱」。這在旁人看來也許會深表惋惜，而對當事者而言，卻不得不說是一種睿智高明之舉。

一方面自然是避免了「功高震主」引發不必要的麻煩，讓自己無法全身而退；另一方面也有利於提攜後起之秀，實現企業的更新和不斷向前。而作為功成身退者，其光明磊落的人格魅力和對企業的貢獻都將作為後繼者尊重和效仿的榜樣。

但是，大多數人多半是在得意時不為失意時作預先的準備，終至滿盈招禍，等到了窮途末路再後悔就遲了。俗語說：身後有餘忘縮手，眼前無路想回頭。人如果能夠明白這中間的道理，就應當好自為之，知機善退，才不會招致失敗。

在當今多元化的社會裡，各種機遇總是源源不斷，隨處可見，只要你能善於抓住規律，急流勇退後的你，事業和生活肯定會更加順心如意。

不戰而屈人之兵才是上策

孫子曰：凡用兵之法：全國為上，破國次之；全軍為上，破軍次之；全旅為上，破旅次之；全卒為上，破卒次之；全伍為上，破伍次之。是故百戰百勝，非善之善者也；不戰而屈人之兵，善之善者也。其意思是說：大凡用兵打仗，其指導原則應是：迫使敵人舉國降服的為上策；透過交兵接仗而攻破敵國的次之；能使敵人舉軍降服的為上策，攻破敵軍的次之；能使敵人整卒降服的為上策，攻破敵伍的次之。所以，百戰百勝，還算不上高明的，不經交戰就能使敵人屈服，才是高明中最高明的。

二、天之道利而不害，人之道為而不爭

　　春秋時，楚惠王為了北上爭霸中原，決定向宋國進攻。當時有一位能工巧匠名叫魯班，受到楚惠王的重用，製造了雲梯、撞車、飛石、聯珠箭等新式攻城武器，宋國知道楚國又要來進攻，舉國上下十分驚恐。

　　墨子得到這一消息後，就趕緊帶著三百弟子趕到宋國去。他到了宋國後，就教宋國的軍隊進行防禦的方法，又把弟子們佈置在關鍵的城防要塞。然後他自己徒步走到楚國去，勸說楚王不要攻打宋國。但是楚王認為，楚國兵力強盛，魯班發明的攻城武器非常先進，一定能攻下宋國，因此拒絕了墨子的要求。墨子見勸說不了楚王，於是就告訴楚王說：「您能攻城，我就能守城，您是攻不下來的。」楚王不信，於是就把魯班叫來，要兩人模擬對陣，看看誰有能耐。

　　墨子解下自己身上的腰帶，圍在桌上當作城牆，再拿一些木塊當作守城的器械，就與魯班演示起來。魯班攻城，墨子防守。魯班一連用了九種攻城方法，均遭到了墨子有效的抵抗，不能取勝。魯班的攻城方法用完了，而墨子的守城方法還有幾種沒有使用出來。楚王在一旁看得很清楚，魯班輸給了墨子。但魯班卻對墨子說：「我現在知道戰勝你的方法了，但我不說。」墨子也針鋒相對地說：「我也知道你戰勝我的方法是什麼，我也不說。」

　　二人打的啞謎使楚王困惑不解，就偷偷地去看望墨子，問他究竟用什麼方法戰勝對手。墨子直言不諱地告訴楚王說：「魯

班的意思是要您殺了我，這樣就沒有人知道抵禦他的方法了。其實不然，我來的時候就做好了這方面的準備，我已經派我的大弟子禽滑釐率領三百弟子幫助宋人守城，我已把所有的防守方法都教給了他們，他們每個人都能夠運用這些方法來抵抗魯班的進攻。因此殺了我也是沒有用的。」楚王被墨子的坦誠打動了，就放棄了進攻宋國的打算。

這可以說是一個「不戰而屈人之兵」的典範。一般來說，這種情況大都是透過外交途徑，運用恰當的謀略，使對方感到透過戰爭達不到預期的目的，或者用第三種力量加以制衡，使其不敢貿然動武。在中國兩千多年的政治史上，外交謀略層出不窮，豐富多彩。諸葛亮叫劉備修一封書信給馬超，便阻止了即將南下的 30 萬曹軍。這就是伐交謀略的作用。

「不戰而屈人之兵」不僅既適用於春秋末年的諸侯國攻城掠地，也適用於現今生活當中為人處世。

一位公司經理在開業慶典上發表即興演講，他這樣強調紀律的重要性：公司是統一的整體，它有嚴格的規章制度，這是鐵的紀律，每一個員工都必須自覺遵守。上班遲到、早退、閒聊、亂逛、辦事推諉、拖遝、消極、懈怠，都是違反紀律的行為。我們允許這些現象的存在——就等於允許有人拆公司的台，我們能夠這樣做嗎？

這位經理的反應力和應變力是很強的。當他意識到自己把本來想說的「我們決不允許這些現象的存在」一句話中「決不」

二、天之道利而不害，人之道為而不爭

二字漏掉之後，佯作不知，馬上循著語言表達的邏輯思路，續補了一句揭示其後果的話，同時用一個反問句結束，增強了演講的啟發性和警示力。這樣的續接補救，真可謂順理成章，天衣無縫。

說辯的鋒芒主要不在於傳遞何種資訊，而是透過打擊、轉移對方的說辯興致使之無法繼續設置窘迫局面，而化干戈為玉帛，並能夠寓辯於無形，從而達到了「不戰而屈人之兵」的效果。

示弱也是不戰而屈人之兵的一種手段。

有一個青年乘坐一位中年婦女的計程車，開到偏僻之地時，舉起一把刀放在中年婦女頭上威脅她拿出錢來。這位女司機很鎮靜地說：「請你把刀放下，你不是缺錢用吧？我把所有的錢全給你。」說著立刻把自己的錢交給這青年，並說：「你到哪裡我開車送到哪裡！」一路上她心平氣和地問：「你多大歲數？看來你還年輕，長得那麼帥，身體又結實，憑你的聰明，做什麼都可以賺到錢。做這種事情次數多了，終會出事，到那時，不僅無臉見人，自己坐牢受苦，一生也完了，你的父母、妻子一家人同樣受痛苦，你想想，是不是這樣？」年輕人聽了，眼含淚珠，泣不成聲地說：「大姐，你說得對。」立刻把錢還給了女司機。女司機說：「你能改正錯誤，這就是好樣的，這錢我不能全要，我們有緣，大姐送你一千元，以後你憑著自己的智慧、體力，正大光明的過日子。」

這位女司機正是採取了不戰而屈人之兵的方法，不但保護了自己免遭搶劫，甚至還避免了殺身之禍。

　　要想達到某一目的，可以有很多種方法，其中最聰明的就是不張揚行事，從而不費一兵一卒取得勝利。

二、天之道利而不害，人之道為而不爭

三、自恃者不彰，自矜者不長

　　自以為是的反而不得彰顯，自高自大的反而不能出人頭地，即使一時得逞，也必定碰得頭破血流，結果好景不長。因此，懂得損益之道的人，做人、做事都不肆張揚，對人、對事能始終保持一顆謙遜之心。只有承認自己在很多方面無知，你才能做到虛懷若谷，裝得下東西。

滿招損，謙受益

孟德斯鳩說：「我見過一些人，德行美好，而態度自然，使人不感覺到他們身懷美德；因為他們恪盡天職，毫不勉強，一切表現，如出本能。他們決不至於長篇大論，指出自己稀世的優點，因為他們自己仿佛根本不知道有這回事。上述的人，是我所喜愛的。我不喜愛那種對於自己的德行似乎不勝驚歎的人，他們拿自己的善舉作為奇蹟，講給人聽，非讓人大吃一驚不止。」

中國素來是世人公認的「禮儀之邦」。「禮」作為一種具體的行為來講，就是指人們在待人接物時的文明舉止，也就是現在所說的禮貌。而禮貌的本質是表示對別人的尊重和友善，這種心理需求，是超越時代的，是永存的。然而，一個人如果只懂得禮貌的形式，卻沒有謙讓之心，那麼，他不會真正懂得禮貌。孔子說過：三人行，必有我師。就是告誡人們要謙虛謹慎，虛心學習他人的長處。

春秋時期，孔子和他的學生們周遊列國，宣傳他們的政治主張。

一天，他們駕車去晉國。一個孩子在路當中堆碎石瓦片玩，擋住了他們的去路。孔子說：「你不該在路當中玩，擋住我們的車！」。孩子指著地上說：「老人家，您看這是什麼？」孔子一看，是用碎石瓦片擺的一座城。孩子又說：「您說，應該是城給車讓路還是車給城讓路呢？」孔子被問住了。孔子覺得這孩子

很懂得禮貌，便問：「你叫什麼？幾歲啦？」孩子說：「我叫項橐，七歲！」孔子對學生們說：「項橐七歲懂禮，他可以做我的老師啊！」

即使是聖人，在他專長的領域之外，也要保持謙虛的心態，把自己放在最低的位置。

謙讓也是謙虛、平等的表現，是禮貌的重要內涵。

有一個驕傲的人，來找禪師辯論佛法，禪師在給他倒水的時候，拿著茶壺一直倒，水滿溢出來也沒有停。那驕傲的人就說：「杯子已經滿了，你還倒嗎？」禪師就對他說：「你就像這個杯，你已經滿溢，聽不進別人的說話。拼命倒也沒有用，它已經流到外面了，這就是「滿招損」。

曾國藩的官位最高曾經做到四省的總督，如同小皇帝一樣。他書念得多，知道過了頭不是好事情，就為書房題名「求闕齋」，以明其志。人皆求圓滿，曾先生求闕；要求欠缺一點，不能盈滿。地位愈高愈謙虛，所以他能夠保持得住，一直到現在，他的後人也長盛不敗。這是他自己有德行，為子孫後代樹立典範的結果。

20 世紀中國作家和文化先驅之一的蔡元培先生曾有過這樣一件軼事。一次倫敦舉行中國名畫展，主辦單位派人去南京和上海監督選取博物院的名畫，蔡先生與林語堂都參與其事。法國漢學家伯希和自認為是中國通，在巡行觀覽時滔滔不絕，不能自己。為了表示自己的內行，伯希和向蔡先生說：「這張宋

畫絹色不錯，」「那張徽宗鵝無疑是真品」，以及墨色、印章如何等等。林語堂注意觀察蔡先生的表情，他不表示贊同和反對意見，只是客氣地低聲說：「是的，是的。」一臉平淡冷靜的樣子。後來伯希和若有所悟，閉口不言，面有懼色，大概從蔡元培的表情和舉止上他擔心自己說錯了什麼，出了醜自己還不知道呢！林語堂後來在談到蔡元培先生時還就伯希和一事感歎說：「這是華人的涵養，反映外國人賣弄的一幅絕妙圖畫。」

其實無論外國人也好，華人也罷。人就像花一樣，幾乎所有的白花都很香，愈是顏色豔麗的花愈是缺乏芬芳。而愈謙和的人，愈有內在的花香。

因此，自謙需要胸懷，只有豁達大度的人才能夠做到真正的自謙。「知之為知之，不知為不知」，「學無止境，不恥下問」，虛懷若谷、求實好學才是真實的體現。自謙需要真誠，沒有真誠的自謙是虛偽，是做作。用無私的心去審視自己的行為，發自心底地去欣賞別人，學他人之長，補己之短，才能真正地利己利人。

自謙還需要不斷地進取，以謙虛的態度不斷學習新知識，接受新事物，那麼越博學，就越能夠看到有更為廣闊的未知世界需要繼續去瞭解和探索。積跬步以致千里，積小流以致江河，自然會取得新的成績。事物是不斷變化的，切忌不能永遠停止在一個高度。其他人也在不斷地進步和提高，也許今天自己值得驕傲的資本在明天就成了大家共有的能力。

當今社會競爭激烈，自謙是交往中的調和劑。處在原有熟知的環境中，自謙的態度更能增加親和力。進入一個新場合，以低調與人交往，就會減少他人可能出現的敵對情緒和防備心理。

　　自謙不是自我貶低，不是放任自流，也不是為自卑披上的一件外衣，更不是遮擋不學無術的盾牌。「氣籠星欲盡，光滿露初多。若遣山僧說，高明不可過。」厚實的人生，其厚度和深度是需要有些城府的，物極必反，曲盡見直。一個智慧的人必定是一個謙虛的人，一個謙虛的人必定會不斷增加自己的智慧。

　　所以說，過度自信就可能變成自負，不如懷存一些謙虛的態度，細心一點做人的道理，自斂一絲做作的行為，這不僅對於提高自身修養和為人處世的能力有幫助，而且對於整個社會程式的規範運作，也大有裨益！

謙遜者智，自詡者愚

　　泰戈爾說得好：「當我們是大為謙卑的時候，便是我們最接近於偉大的時候。」這話說得一點不錯，「謙者，眾善之基；傲者，眾惡之魁。」大智若愚者即使擁有智慧也並不顯露，仍然不恥下問而不斷進步。而自詡者卻愈加自命不凡，不可一世，落後於不恥相師的「巫醫樂師百工之人」。

　　孔子曾有過許多老師，他謙虛地汲取知識與力量，從而成為儒家學派的創始人。劉邦與項羽相爭天下，劉邦能夠虛心接

三、自恃者不彰，自矜者不長

受下屬的意見，使他周圍聚集了大量的人才，也因此成就帝王之業。項羽自矜功伐，奮其私智而不師古，因此烏江自刎。所以智慧是不一定外露的，低調一些，謙虛一些會使你擁有更多。

一位記者向諾貝爾文學獎得獎者海明威請教：「你作品中的人物描寫如此簡練，請問有什麼秘訣？」海明威不動聲色地說：「有時我餓著寫，肚子餓得咕咕直叫；有時我站著寫，而且只用一隻腳踮著地上；有時我在寒冬裡故意只穿一件單衣，我邊寫邊凍得瑟瑟發抖，這些不愉快的感覺，使我不得不儘量少寫些多餘的話。」海明威這一席低調、詼諧、謙遜、令人回味無窮的話，不僅道出了寫作的艱辛，而且使我們對海明威的品格肅然起敬。他告訴我們，無論多麼偉大的人物，謙遜都是一種可貴的品質。同時，經驗也告訴我們：自信和謙遜可以使一個人從平凡走向輝煌，而張揚與狂妄則往往使一個人從峰巔滑向深淵。

十九世紀的法國著名畫家貝羅尼，有一次到瑞士去度假，他每天仍然背著畫架到各地去寫生。有一天，他在日內瓦湖邊正用心畫畫，旁邊來了三位英國女遊客。看了他的畫，便在一旁指手畫腳地批評起來，貝羅尼都一一修改過來，還向她們致了謝。第二天，貝羅尼有事到另一個地方去，在車站看到昨天那三位婦女，正交頭接耳不知在議論些什麼。過一會兒，那三個英國婦女看到他了，便朝他走過來，問他：「先生，我們聽說大畫家貝羅尼正在這兒度假，所以特地來拜訪他。請問你知不知道他現在在什麼地方？」貝羅尼朝她們微微彎腰，回答說：「不

敢當，我就是貝羅尼。」三位英國婦女大吃一驚，想起昨天的不禮貌，一個個紅著臉跑掉了。

其實，才識、學問愈高的人，在態度上反而愈低調與謙卑，所以才能能精益求精，扶搖而上。也正因為如此，他們往往更具有容人的風度和謙卑的雅量。反之，對於自己並不在行的事情，就不要隨便發表議論，聽在專家耳裡，不是越發顯得你的膚淺嗎？

鷹王和鷹後從遙遠的地方飛到遠離人類的森林。它們打算在密林深處定居下來，於是就挑選了一棵又高又大、枝繁葉茂的橡樹，在最高的一根樹枝上開始築巢，準備夏天在這兒孵養後代。

鼴鼠聽到這個消息。大著膽子向鷹王提出警告：「這棵橡樹可不是安全的住所，它的根幾乎爛光了，隨時都有倒掉的危險。你們最好不要在這兒築巢。」鷹王根本瞧不起鼴鼠，心想：你們這些躲在洞裡的傢伙，難道敢否認鷹王的眼睛是銳利的嗎？你是什麼東西，竟然膽敢跑出來干涉我鳥大王的事情？

鷹王根本未理會鼴鼠的勸告，立刻動手築巢，並且當天就把全家搬了進去。不久，鷹后孵出了一窩可愛的小傢伙。一天早晨，正當太陽升起來的時候，外出打獵的鷹王帶著豐盛的早餐飛回家來。然而，那棵橡樹已經倒掉了，它的鷹后和子女都已經摔死了。

看見眼前的情景，鷹王悲痛不已，它放聲大哭道：「我多

麼愚蠢啊！我把最好的忠告當成了耳邊風，所以，命運就對我給予這樣嚴厲的懲罰。我從來不曾料到，一隻鼴鼠的警告竟會是這樣準確，真是怪事！真是怪事！看來，輕視從下面來的忠告是愚蠢的。」謙恭的鼴鼠答道，「你想一想，我就在地底下打洞，和樹根十分接近，樹根是好是壞，有誰還會比我知道得更清楚的呢？

　　智者不在位高，謙者不在權顯。智慧不是位高就可以擁有的，即使你至高無上，過分死板與嚴肅反而會束縛智慧的步伐，沒有靈活的頭腦必定會陷入困境。

　　芸芸眾生，我們每個人都只是其中的一分子，與人相處是我們一生的課題。「桃李不言，下自成蹊」，眼裡容得下別人是一種智慧；謙和，更有助於你的生活和工作。

　　古語道：天不言自高，地不言自厚，越是沉穗的穀穗，越是低下頭。智慧無處不在，生活中的點滴都能體現出智慧的光芒，讓我們不要被驕傲與自滿蒙住了雙眼，不要被莊嚴束縛了智慧的翅膀，滿腹經綸的人，不會故意去張揚他的學問，半斤八兩的人，才會叮叮噹噹響個不停。

　　人生須記，謙遜伴智者，智者必謙遜。謙虛的人，才會受到別人的尊敬。謙虛的人才會從賢者身上學到更多的東西。

看輕自我，方成聖賢

　　「老是把自己當珍珠，就時常有怕被埋沒的痛苦。把自己

當泥土吧！讓眾人把你踩成路」。 在社會這個大群體裡，總是將自己當作主角，會讓人感到你格格不入。一個自認為懷才不遇的人，往往看不到別人的優秀；一個沉湎於憤世嫉俗的人，往往看不到世界的精彩。只有把自己看輕些，才會不斷否定自己，使自己得到提升。

被稱為美國人之父的富蘭克林，年輕時曾去拜訪一位前輩，年輕氣盛的他，挺胸抬頭邁著大步進門時撞在了門框上，迎接他的前輩見此情景，笑笑說：「很痛吧！可是，這將是你今天來訪的最大收穫。一個人要想平安無事地活在世上，就必須時刻記住低頭。記住低頭，就不會忘記無論你的資質、能力如何，在社會而言，你無疑是渺小的，要在生活中保持低姿態，把自己看輕些，把別人看重些，把奮鬥的目標看重些。」富蘭克林從中領悟了深刻的道理，並把它列入了一生的生活準則之中，促使他後來完成了一番偉業。

無論你的資質如何聰慧，能力如何卓越，在人生的大舞臺上無疑都是渺小的。大千世界，浩渺無垠；茫茫人海，芸芸眾生。何足為輕重？橫看，一個人只不過是世界上不起眼的一粒草芥；豎看，一個人只是歷史長河中的一滴水。

有句話說的好：「20歲時，我們總想改變別人對我們的看法；40歲時，我們顧慮別人對我們的看法；60歲時，我們才發現，別人根本就沒有想到我們。」這並非消極，而是一種人生哲學。

年輕的經理約翰第一次參加集團董事會，非常緊張。董事

三、自恃者不彰，自矜者不長

長對他說：「你不用怕，大家都會用心聽你的意見，但並不指望你有什麼驚人的言論。」董事長的話雖讓人感到有些失望，但卻講出了一個道理：我們不用太在意別人對自己的感覺。也許有人會說，好不容易有了機會，為何不借此一鳴驚人呢？其實，在這個理性化的時代，一個人的成績是透過一系列的事件來展現的。那種影視明星大腕式的一亮相就博得滿堂喝彩的日子已經成為歷史。

美國有一句諺語說：天使之所以會飛，是因為她把自己看的很輕。可在生活中，許多人常常會不自覺地把自己看得太重，總是喜歡沉浸在對自我的欣賞之中。把自己看得太重的人，容易使自己心理失去失衡，而讓自己陷入一種進退兩難的尷尬境地。

一個大學生畢業後，應聘到一家大公司上班。他既有才能，做事又踏踏實實，深得公司老闆的器重。在一次晉升中，所有的人包括他自己都認為這個職務非他莫屬。可是結果卻大大出乎人意料。他想不通，於是他向老闆提出休假報告。等到他回來時，發現公司並沒有因為他的休假而顯出一絲的混亂，一切都與他在時一樣的井然有序。頓時，他明白了，是自己把自己看得太重了。他又一如既往的工作，不過心中卻多了一份平靜，少了一份埋怨。

人的一生中，我們不過是路人眼中的一道風景，對於第一次的參與、第一次的失敗，完全可以一笑置之，不必過多地

糾纏於失落情緒之中，你的哭泣只會提醒別人重新注意到你曾經的失敗。

　　看輕自我，不是自卑，也不是怯懦，而是一種謙虛、智慧、力量的尋找。有的人盲目自信，沒有擺正自己的位置，結果吃了很多閉門羹，得到很多失敗的教訓。其實，不妨重新認識自己，把自己看輕一些，讓你的謙卑，為大家所折服，他們樂意在你的旗幟下歌唱；你的柔弱，為大家所同情，他們願意傾其所有，助你強盛。越是看輕自己，越易被別人看重，越易展現自我。

　　看輕自己是一種超然和灑脫。抬頭做事，保持低姿態，把自己看得輕些，把目標看的重些。吸取經驗教訓、精神營養以自補，不斷使自己重起來，強起來。當你從困惑中走出來時，你會發現，看輕自我實在是一種人生的美德。

　　看輕自己是一種知弱變強、以強補弱，權衡利弊，鞭策自己自強不息，努力奮進的動力；是一種人格和思想意識的修養；是一種自我完善，是一種凝聚力和親和力的有機融合。看輕自我是自知之明。最瞭解自己的人莫過於自己，能正確評價自己，敢於否定自己，時刻把自己擺在「我不如人」的位置上，既是一種謙恭，也是一種清醒和種智慧。自知才能及時找到人生的支點，審時度勢，選對突破口，經過努力達到成功。

　　看輕自我才能更好認識他人。將自己放在弱勢的位置上，既是對他人的尊重和信任，同時也易於對他人的觀察和瞭解。

你越看輕自我，別人越尊重、同情和賞識你。你對自己的否定和低調，往往是獲得別人好感和信任感的信號。

因此，年長的人總是記得給那些躊躇滿志的年輕人一個忠告：在人生的路上，要多把自己看輕些。這忠告，或許包含著曾經的滄桑、晦澀、自卑、無奈、怯懦，但更多的是智慧，是清醒中的一種苦心經營，是一種對生活的超越。

偉人、領袖、名家畢竟是少數，叱吒風雲、舉足輕重的重量級人物也是鳳毛麟角。這個世界的大多數是隨波逐流、自食其力、養家糊口的「小人物」。對社會而言，一個人無論你資質、能力如何，總是渺小和微不足道的。所以，不要自命不凡，把自己看得多麼偉大，多麼重要，不妨學會看輕自我，將普通、平凡，微不足道裝進行囊，輕裝上陣，沒有負擔地踏上人生旅途的漫漫征程。

學會做人生的減法

談及藝術上的減法，雕塑大師羅丹說：「減去多餘部分！」面對人生的減法，談及生命的規律，有人說：「人握拳而來，撒手而去；先是一件件索取，後是一件件疏散」。

人生好比戀愛和婚姻，戀愛的時候，愛是一道長長的加法，那款款的目光，輕柔的言語，像玫瑰花，相思豆，愛情詩。不管是從書上看來的，電視上學來的，還是自己冥思苦想出來的，凡是與愛有關的情節都有可能加在愛情上。等到有一

天，你和愛人走進婚姻的禮堂，開始日出而作日落而息地奔忙時，你才會意識到以婚姻之重，其實無法承載一抹浪漫之輕。於是，你在不知不覺中開始減法運算，減去細枝末節，減去花拳繡腿，減去一些小動作、花招，最後只剩下最本質的東西：肩負共同的責任，偕老終生。

在加法中，激情飛揚，山盟海誓是一種愛；洗盡鉛華，不著一色也是一種愛。在現實生活中，也許後者才最能讓我們感到寧靜和珍貴！

一位躊躇滿志的老闆，從事鋁合金經營，幾年內大賺一筆，不僅建了別墅買了車。他的鋁合金廠每年純賺上百萬元，但他對員工卻很小氣，對自己更節儉。為了省錢，他去南方購原料來回都坐火車，吃的是泡麵，住的是小旅館。一次押貨回來，路上翻了車，他負重傷住進了醫院，還好，兩條腿總算保住了。經歷了這場劫難後，他前後判若兩人。無論是在家中，還是出差，他都盡可能地照顧好自己，然後才是業務。對待員工的態度也大變，一改往日的兇橫，開始以溫和謙恭的面目出現。

有人問他，他直言不諱：以前，我是用加法來衡量人生的，人活著要日積月累地發展，要滾雪球一般地賺錢。自出事後，我發覺人生適宜於減法，假如上次我被壓死，一切都不復存在；如果上帝要去我的兩條腿，人生就會少去很多意義。不要把人生的目標定得太高，比起健康地活著，一切都顯得微不足道。

三、自恃者不彰，自矜者不長

　　人生的減法哲學，能讓我們減去疲憊、減輕煩惱、減去沉重，更能減去不該早生的華髮。那些身外之物，金錢、地位、權勢，不要也罷。

　　有這樣一篇名為《感恩》的詩體文，它的思路既是做有別於以「成功」為標準的「減法」：

　　如果你是丈夫，請不要為今晚的菜難咽生氣，至少，太太在旁邊，而沒有到外面找人。

　　如果你是妻子，請不要為老公做「沙發馬鈴薯」生氣，至少，他和你在一起而沒有泡酒吧。

　　如果你是家長，請不要為女兒拒絕洗碗生氣，至少，她呆在家裡，而不是上街胡鬧。

　　如果你是納稅人，請不要為納稅太重生氣，至少，這意味著你有個飯碗。

　　如果你剛剛開完派對，請不要對著山嶺般的碗碟生氣，至少，這證明你有許多許多的朋友。

　　如果你嫌身上的衣服太緊，那就想：這證明我不曾挨餓。

　　如果你嫌有人老是像影子，嚴密地監視著你幹活，你要想，影子只證明我在陽光之下。

　　如果你嫌開割草機太累，擦洗窗子太麻煩，修理水槽太貴，那麼且想想，這是因為你有房子。

　　如果你要停車，在超遠的角落找到車位，你該想，這是因為你步履矯健，何況停車前開車一路順當。

不要抱怨水電帳單太貴，這證明你保證溫飽。

如果一位女士在你背後大聲唱歌走了調，不要抱怨，這證明你的聽力良好。

不要為洗一大堆的衣服發愁，這證明你在穿著上不成問題。

天下雨，不要抱怨腰酸背痛，這說明你能埋頭苦幹。

不要因為被家裡的警鈴在大清早吵醒生氣，這證明你活得好好的。

不要因為垃圾郵件塞滿了信箱而皺眉，這證明你朋友滿天下。

從某種意義上說，人生整個過程就像駕駛一葉扁舟作一次航行，要讓它承載的是僅限於必不可少之物。否則，輕則無以前行，重則可能沉沒。道理很簡單：什麼都捨不得丟棄，往往導致什麼都不得不捨棄。生活是繽紛繁雜的，假如我們的精神始終旋轉於生活的繁雜與喧鬧之中，始終忙碌於生活的蠅頭小利，那就只能為生活的勞作而疲於奔命，離事業的成功越來越遠。

就像你背著空簍子身處五顏六色的石頭中間，你每走一步就撿一塊自己喜歡的石頭放進去，看看有什麼感覺？一定越來越覺得沉重。如果你在撿的時候就做出選擇，只選擇幾塊你最喜歡的保留，其他的都扔掉。那麼你將輕鬆無比。我們來到這個世界上，每個人都背著一隻空簍子，如果我們每走一步都要從世界上撿一樣東西放進去，而不知剔除那些多而無用的東

西，那麼，就難免會產生越走越累的感覺。

一位著名的心理大師說：「一個人步入中年就等於走到了『人生的下午』這是既可以回顧過去，又可以展望未來的階段。在下午的時候，就應該回頭檢查早上出發所帶的東西，究竟適不適合用？有些東西是不是該丟棄了？」理由很簡單，因為我們不能按照上午的計畫來過下午的人生。早晨以為珍貴，到了傍晚就可能顯得微不足道了。

或許你過去已經成功地走過早晨，但是，當你用同樣的方式走向下午，卻發現生命變得不堪負荷，這就是有一些東西該丟的時候了。

人生的格局也許難以改變，怎麼看它卻隨你。對著桌上的杯子，你可以心疼：唉，水只剩半杯。」也可以慶倖：「咳，水幸虧還有半杯。」

高處著眼，低處著手

凡事都要想開，把眼光放長些，以樂觀態度迎接美好的明天和未來；凡事都要從小處做起，點點滴滴，日積月累，才能成就大事．

當今社會，面對競爭激烈的環境，我們不光要有宏遠的策略，也要有忽略小事的執行力。想要比別人更優秀，只有在每一件小事上比功夫。所謂成功，就是在平凡中做出不平凡的堅持。

「高處著眼」誠然很好，但更多時候，我們需得從「低處著手」。被偉大理想毀滅掉的人，遠比被渺小理想毀滅掉的人多，原因就在這裡。

　　有一首西方民謠寫到：「丟失一個釘子，壞了一隻蹄鐵；壞了一隻蹄鐵，折了一匹戰馬；折了一匹戰馬，傷了一位騎士；傷了一位騎士，輸了一場戰鬥；輸了一場戰鬥，亡了一個帝國。」

　　古時候，臨近黃河岸邊有一片村莊，為了防止水患，農民築起巍峨的長堤。有一天，一位老農夫偶爾發現螞蟻窩忽然增加許多，他心想，這些螞蟻可能會影響長堤的安全，就在他回村報告的路上，遇見了兒子。老農夫的兒子聽了之後不以為然地說：「那麼堅固的長堤，不用害怕幾隻小小螞蟻！」隨即拉著老農夫一起下田。當天晚上風雨交加，黃河河水暴漲。咆哮的河水從螞蟻窩開始滲透，終於衝垮長堤，淹沒了沿岸的大片村莊和田野，損失慘重。正所謂是：「千里之堤，潰於蟻穴」。

　　一個丟失的釘子演變成一個帝國的滅亡，小小的螞蟻造成了長堤被衝垮的慘劇。這些事聽起來好像有些不可思議，但仔細想想，也確有道理。老子說：「天下難事，必作於易；天下大事，必做於細。」指的就是凡事應從大處著眼，小處著手。1%的疏忽可能導致100%的失敗，細枝末節的小事便有可能造成成與敗兩種截然不同的結果。

　　有一個大學畢業生，找工作時只把目光鎖定在外資公司和

前景看好的大公司，對那些名不見經傳的企業不屑一顧。當他的同學們紛紛成為「上班族」，還沒有一家公司肯聘用他。若干年後的同學聚會上，同學們大都早已小有成就，而他依然奔波於人才市場，四處上網投遞求職履歷。

這雖是一個有些極端的例子，但它反映出一個道理：在擇業過程中，好高騖遠是一大誤區。剛剛走出校門的大學生意氣風發，有年輕人特有的朝氣，往往去追求那種薪資收入可觀、工作條件好、社會地位高的職業。其實，這樣做是忽略了選擇的雙向性：你在尋找心目中理想的工作的同時，用人單位同樣也在尋找理想的員工。

有一個結果完全相反的事例：有位知名大學畢業生在用人單位面試中屢屢碰壁，後來他降低身份在一家小廠謀得一份低薪工作。但他的能力和才華在工作中發揮得淋漓盡致。他不斷得以升遷，並最終跳槽到大公司擔任要職。

卡內基曾說過：「遠在的目標是從一點一滴做起的。」從低處做起，腳踏實地，一步一個腳印；同時保持一種低調、謙虛的態度，不要過早「展現」，最好在實踐中用良好業績和出色的能力來證明自己。

一位英國教師在其任職的某醫學院發表演講時，講了這樣一故事：清晨，在一個經過暴風雨洗禮的海灘，一個男子在散步時發現，在沙灘的淺水塘中，有數以千計的小魚。顯然，這是昨夜被風雨捲上來的。他知道，要不了多長時間，小水窪中

的水就會被沙子吸乾，太陽蒸乾，這些小生靈定難逃厄運。

　　不遠處，他看到一個小男孩將小魚一條條撿起，又拋入大海。男子問道：「孩子，這水窪裡有上千條小魚，你能都救過來嗎？」「我知道。」孩子答道。「哦？那你為什麼還在扔？誰在乎呢？」「這條小魚在乎！」孩子一邊回答，仍在一條一條地將小魚放歸大海。

　　故事講完後教師深有所感地對學生說：「今天，你們在這裡開始大學生活。你們每一個人都將在這裡學會如何去拯救生命。雖然你們救不了全世界的人。但是，你們還是可以救一些人，你們可以減輕他們的痛苦。因為你們的存在，他們的生活從此有所不同——你們可以使他們的生活變得更加美好。這是你們能夠並且一定會做到的。你們要記住：這條小魚在乎！

　　社會是個大機器，個人的力量是渺小的，但是，只要從低處做起，從每一步做起，取得每一點一滴的成功，就會使你的意志愈煉愈剛，毅力愈積愈強。用你的精力才華為他人帶來利益，為社會增添財富，你就獲得了真正的、有價值的人生。

　　高處著眼，低處著手，是人生路上走得遠、攀得高的不二法門，要跨過「工作經驗」的「門檻」，最簡單有效的辦法就是從「低處」做起。惟如此，才會有韌勁兒，才會有耐力。

　　人生如日升日落，當太陽從地平線上升起來後，世界變得光明燦爛，可是當太陽從西邊落下去的時候，黑暗就降臨了。人的一生變幻莫測，總是令人無法把握，不可能總是處於順

境，逆境也隨時會光臨。當你身在順境的時候不要驕傲自滿，一時的輝煌不代表一生成功。要從低處做起，爭取一個美滿的未來。當身處逆境中，不得志之時，不應該選擇自暴自棄，放棄自己對人生的追求。要振作起來，坦然面對人生和際遇，從新規劃自己的目標，從低處做起，創造一個新的希望。

大膽承認自己有所不知

偉大的教育家、思想家孔子曾說過：「知之為知之，不知為不知，是知也。」意思是告訴我們：知道就是知道，不要不懂裝懂，這才是真正的智者。

古時候，齊國的國君齊宣王愛好音樂，尤其喜歡聽吹竽，手下有三百個善於吹竽的樂師。齊宣王喜歡熱鬧，愛擺排場，總想在人前顯示做國君的威嚴，所以每次聽吹竽的時候，總是叫這三百個人在一起合奏給他聽。

有個南郭先生聽說了齊宣王的這個癖好，覺得有機可乘，是個賺錢的好機會，就跑到齊宣王那裡去，吹噓自己說：「大王啊，我是個有名的樂師，聽過我吹竽的人沒有不被感動的，就是鳥獸聽了也會翩翩起舞，花草聽了也會合著節拍顫動，我願把我的絕技獻給大王。」齊宣王聽了很高興，不加考察，很痛快地就收下了他，把他也編進那支三百人的吹竽隊中。

從這以後，南郭先生就隨那三百人一塊兒合奏給齊宣王聽，和大家一樣拿優厚的薪水和豐厚的賞賜，心裡得意極了。

好景不長，過了幾年，愛聽竽合奏的齊宣王死了，他的兒子齊閔王繼承了王位。齊閔王也愛聽吹竽，可是他和齊宣王不一樣，認為三百人一塊兒吹實在太吵，不如獨奏來得悠揚逍遙。於是齊閔王發佈了一道命令，要這三百個人好好練習，做好準備，他將讓這三百人輪流來一個個地吹竽給他欣賞。樂師們知道命令後都積極練習，想一展身手，只有那個濫竽充數的南郭先生急得像熱鍋上的螞蟻，惶惶不可終日。他想來想去，覺得這次再也混不過去了，只好連夜收拾行李逃走了。

像南郭先生這樣不懂裝懂靠矇騙混飯吃的人，騙得了一時，騙不了一世。假的就是假的，最終逃不過實踐的檢驗而被揭穿偽裝。我們想要成功，唯一的辦法就靠是勤奮努力，只有練就一身過硬的真本領，才能經受得住一切考驗。

從前有個鄉下老員外，這個老員外最不喜歡說的一句話就是「我不懂」。就算有他不懂的事情，他也要不懂裝懂。因為這個，老員外沒少吃苦頭。

有一天，老員外突然肚子疼。於是請來了一位醫生。醫生給他做了檢查之後，說：「沒什麼大事，只是有點腹脹。對了，你有『轉失氣』嗎？」。聽到這裡，老員外根本不知道「轉失氣」是什麼。可是一向愛逞能的他順嘴說道：「嗯……也不是沒有。」

「到底是有還是沒有？」

「嗯……我有，我有。」

「有就好辦了。你只要按時吃我開的藥就好了。」

　　醫生回去後，老員外立刻把他的兒子叫來，說：「小子，你知道什麼是『轉失氣』嗎？」兒子搖搖頭。老員外佯裝生氣，說：「你竟然不知道？小子，你都 13 歲了，還什麼都不知道，哼！」兒子好奇地問道：「父親，那『轉失氣』到底是什麼啊？」

　　老員外一愣，腦子一轉說道：「哼，讓我告訴你算什麼本事啊。這樣吧，你去寺門口的花店老伯那裡去借一個『轉失氣』，說我用用就還給他。」兒子趕快跑到家門口的花店，把老員外的話告訴了花店老伯。花店老伯摸了摸腦袋，說：「哎呀，真是不巧，我的『轉失氣』被親戚借走了。要不然我肯定會借給老員外兩個三個的。要不然你去村裡私塾先生那裡問問？」兒子又跑到私塾先生那裡這麼一說，私塾先生愣了一愣，說：「哦，『轉失氣』啊。前幾天我用完後放到廚房，可是沒想到被耗子啃壞了。真是不巧。」

　　兒子回到家裡把剛才的經過告訴了老員外，然後問道：「父親，『轉失氣』到底是什麼東西啊？」老員外裝出一副不耐煩的樣子，說：「真是拿你沒辦法。我不是說過了嗎？要我親自告訴你還算你的本事啊。要不然這樣吧，你去醫生那兒取藥的時候直接問他吧。不過，可別告訴他剛才的事情。」

　　兒子趕快跑到醫生那裡，取了藥之後問道：「先生，剛才您對父親說的『轉失氣』是什麼東西啊？」

　　醫生摸了摸兒子的頭，說：「真是個好孩子。不知道就是不知道，不要不懂裝懂。『轉失氣』啊，就是屁的意思。古代醫書

中把它叫做轉瞬即逝的氣體，因此叫做『轉失氣』。」

兒子恍然大悟：原來老員外、花店老伯、私塾先生都根本不知道什麼是「轉失氣」啊。他回到家後，拼命忍著笑對老員外說：「師傅，醫生說『轉失氣』就是酒杯的意思。」老員外暗暗記在心裡，嘴上還逞強說：「今天你可知道什麼是『轉失氣』了吧，要好好記住，小子。」

老員外病好後，請醫生到家裡做客。老員外對醫生說：「先生，上次您問我有沒有『轉失氣』，當時我沒有。不過我現在有了，我想請您過目一下。」老員外轉過頭對兒子說：「快把我的藤箱拿來，裡面有一套『轉失氣』，一共有三隻。」醫生大驚失色，說：「哎呀，這恐怕味道不好吧。咦？好漂亮的酒杯啊。不過，我們醫學中把屁叫做『轉失氣』，沒想到貴宅卻把酒杯叫做『轉失氣』啊。」

不懂裝懂，總會上當吃虧。所以說做人要勇於承認自己有所不知，不能不懂裝懂，遇到不明白的問題，要虛心向別人討教。俗話說：「山外青山樓外樓，強中自有強中手」，勇於承認自己有所不知不是一件丟人的事，學會尊重別人，用處下的態度去做事，拜一切能者為師，用人所長，知人善任。只有當你擁有真才實學時，你才能真正永久地擁有智慧，才能把複雜的問題簡單化，才能做好任何事。

位高不炫，家豐不顯

老舍說：「驕傲自滿是我們的一座可怕的陷阱；而且，這個陷阱是我們自己親手挖掘的。」

權利與金錢幾乎是每一個人都嚮往的。不炫耀卻不是誰都能做到的。對於有一定身份和地位的人來說，位高不炫，家豐不顯，放下身段和大家一樣平和相處，非但不失身份，反而更能引起大家的尊重。

在美國曾經有過這樣一件事。一個深秋的傍晚，在紐約的一個既髒又亂的候車室裡，靠門的座位上坐著一個滿臉疲憊的老人，背上的塵土及鞋子上的污泥表明他走了很多的路。列車進站，開始檢票了，老人不緊不慢地站起來，準備往檢票口走。忽然，候車室外走來一個胖太太，她提著一隻很大的箱子，顯然也要趕這趟列車，可是箱子太重，累得她呼呼直喘。胖太太看到了那個老人，對他大喊：「喂，老頭，你幫我提一下箱子，我給你小費。」那個老人想都沒想，接過箱子就和胖太太朝檢票口走去。

他們剛剛檢票上車，火車就開動了。胖太太抹了一把汗，慶倖地說：「還真多虧你，不然我非誤車不可。」說著，她掏出一美元遞給那個老人，老人微笑著接過來。這時，列車長走了過來，對那個老人說：「洛克菲勒先生，你好。歡迎你乘坐本次列車。請問我能為你做點什麼嗎？」「謝謝，不用了，我只是剛剛做了一個為期三天的徒步旅行，現在我要回紐約總部。」老人

客氣地回答。

「什麼？洛克菲勒？」胖太太驚叫起來，「上帝，我竟然讓著名的石油大王洛克菲勒先生給我提箱子，居然還給了他一美元小費，我這是在幹什麼啊？」她忙向洛克菲勒道歉，並誠惶誠恐地請洛克菲勒把那一美元小費退給她。

「太太，你不用道歉，你根本沒有做錯什麼。」洛克菲勒微笑著說，「這一美元是我賺的，所以我收下了。」說著，洛克菲勒把那一美元鄭重地放在了口袋裡。

真正的大人物是那種成就了非凡的事業卻依舊平凡生活的人。他們從來都是謙虛的，他們不會為自己位高而不可一世，有錢而盛氣凌人，他們從來不會見人就吹噓自己的成功和發跡，他們大都是在社會群體中能夠擺正自己位置的人，只是平和地去幹著自己分內的事情。

瑞典前首相帕爾梅是十分受人尊敬的領導人。他當時雖貴為政府首相，但仍住在平民公寓裡。他生活十分簡樸，平易近人，與平民百姓毫無二致。帕爾梅的信條是：「我是人民的一員。」除了正式出訪或特別重要的國務活動外，帕爾梅去國內外參加會議、訪問、視察和私人活動，一向很少帶隨行人員和保衛人員。1984年3月，他去維也納參加奧地利社會黨代表大會，也是獨自前往的。當他走人會場的時候，還沒有人注意到他，直到他在插有瑞典國旗的座位上坐下來，人們才發現他。對他的舉動，與會者都嘖嘖稱讚不已。

三、自恃者不彰，自矜者不長

　　帕爾梅同他周圍的人關係處得都很好。在工作之餘，他還經常幫助別人，毫無高貴者的派頭。帕爾梅一家經常到法羅島去度假，和那裡的居民建立了密切的聯繫，那裡的人都將他看作朋友。他常常在閒暇時間獨自騎車閒逛、鋤草打水、劈柴生火、幫助房東幹些雜活，以此來聯繫和接觸群眾，使彼此之間親如家人。

　　帕爾梅喜歡獨自微服私訪，去學校、商店、廠礦等地，找學生、店員、工人談話，瞭解情況，聽取意見。他從沒有首相的架子，談吐文雅、態度誠懇，也從不搞前呼後擁的威嚴場面。這些都使他深得瑞典人民的愛戴。

　　帕爾梅平易近人，他同許多普通人透過信件建立了友誼。他在位時平均每年收到 1.5 萬多封來信；其中三分之一來自國外，為此他專門雇用了 4 名工作人員及時拆閱、處理和答覆，做到來者皆閱，來者均覆。對於助手起草的回信，他要親自過目，然後才能簽發。這一切都使他的形象在人民心目中日益高大。在瑞典人民的心目中，帕爾梅是首相，又是平民；是領導人，又是兄弟、朋友，他是人們心目中的偶像。

　　其實，越是偉大的人越是謙卑待人，放下身段，絕不會使高貴者變得卑微，相反，會使人們更加敬重他。這樣的人把自己的生命之根深深紮在大眾這塊沃土之中，哪能不根深葉茂，令人敬重！

　　在現實生活中我們經常可以看見一些人大談自己的得意之

事、輝煌之舉，面對地位和資歷不如自己的同事或下屬擺出一副盛氣淩人的架子。俗話說：三十年河東，三十年河西。你再得意，也只是某方面，某時的得意。我這方面不如你，但不見其他方面不如你，我此時不如你，但不見得彼時不如你。不要手裡有點錢就不知道怎麼顯，手裡有點權就不知道怎麼用。

不要炫耀自己，不要做驕傲的孔雀，一時的風光，無法成為一世炫耀的資本。驕傲使人落後，謙虛使人進步。再有本領，也應小心謹慎。倘若哪天被無名之輩打敗，馬上就會成為別人的笑料。

每個人都喜歡談論自己，都希望別人重視自己，關心自己。聰明的人總是先煽動對方：「您的見聞廣博，說出來讓我們聽聽。」誘使對方談談得意之事，然後若無其事地說：「我也有過類似有趣的經歷。」如此這般，穿插自己的得意之事。這樣就可以贏得對方的好感和認同。其實，善於傾聽，也是一種美德。

總之，一個人在為人處世之中應儘量少談自己風光的事，實在要談，也要看物件和場景，切勿給人造成出愛炫耀的印象。

懂得讓步才能被別人接納

古往今來，人世間多少憾事、多少不幸、多少悲劇、多少恐怖、都是因為爭強鬥狠，不能相容而發生。在當今這個世界上，每年都有成千上萬的人因情緒偏激而付出了高昂的代價，因不能夠忍耐而毀了自己的前程，因一時的感情衝動而結束了

自己寶貴的生命。

　　人應該有勇氣讓步，並在此基礎上求生存和發展，每個人都應該理智、冷靜、持重，遇事要三思而後言，三思而後行。須知太陽不是為我而升起的，地球不是為我而轉動的，哪個人都不是必不可少的，都不是時時處處正確的。你做出了讓步，並不代表你就是失敗者，相反，你卻從你的讓步中贏得了世界的和平，關係的密切，感情的融洽。

　　清朝名臣左宗棠喜歡下棋，而且棋藝高超，少有敵手。有一次他微服出巡，在街上看到一位老者擺棋陣，並且在招牌上寫著：「天下第一棋手」。左宗棠覺得老人太過狂妄，立刻前去挑戰，沒有想到老人連出破綻，被左宗棠擊敗，並且左宗棠連勝三盤。左宗棠看到天下第一棋手都被自己打敗了，心情非常高興，志在必得，捨我其誰的自信心更加堅定。

　　接著左宗棠去新疆平亂出征了。他平亂勝利回來時又見老人，於是又和老人下棋。但是這次左宗棠竟然三戰三敗，被老人打得落花流水。第二天再去，仍然慘遭敗北。這讓左宗棠很迷惑，為何前後兩天？老人哪能在這麼短的時間內進步如此的快？

　　老人笑著回答：「你雖然微服出巡，但我一看就知道你是左公。上次我知道你即將出征，所以讓你贏棋，從而增強你必勝的信念，好為國家平亂立功。如今你已凱旋，我就不敢客氣了。」左宗棠聽了感慨良久：這樣看來，自己這次平亂成功還得

感謝這位老人的「輸棋」。輸棋者明明有實力奪取勝利，偏偏做出讓步，這不光是對左宗堂的一種鼓勵，同時也包含著輸棋者的關愛與支持。

　　一位禪師住在山中的茅屋裡修行，有一天，他趁夜色到林中散步，在皎潔的月光下突然開悟了自性的般若。

　　他喜悅地走回住處，眼見到自己的茅屋遭小偷光顧，找不到任何財物的小偷要離開的時候在門口遇見了禪師。原來，禪師怕驚到小偷，一直站在門口等待，他知道小偷一定找不到任何值錢的東西，早就把自己的外衣脫掉拿在手上。小偷遇見禪師，正感到驚愕的時候，禪師說：「你走老遠的山路來探望我，我總不能讓你空手而回呀！夜涼了，你帶著這件衣服走吧！」說著就把衣服披在小偷身上，小偷不知所措低著頭溜走了。

　　禪師看著小偷的背影穿過明亮的明光，消失在山林之，中不禁感慨地說：可憐的人呀，但願我能送一輪明月給他！」禪師目送小偷走了以後，回到茅屋赤身打坐。他看著窗外的明月進入定境。

　　第二天，他在陽光溫暖的撫觸下，從極深的禪定裡睜開，眼睛看到他披在小偷身上的外衣被整齊地疊好。放在門口，禪師非常高興，喃喃地說：「我終於送了他一輪明月！」

　　禪師寬容的讓步，並不代表他怯弱，也不代表對小偷的放縱，他的讓步保持了自己心境的安寧與平靜，又挽救小偷一顆趨向斜路的心。

三、自恃者不彰，自矜者不長

　　林肯身材瘦高腿長。有一位自命不凡的同事曾不無譏笑地問林肯：「一個人的兩條腿應該有多長？」林肯沉穩地回答：「至少應該碰得到地面。」

　　林肯得體的讓步，顯示了他克制、寬容的胸襟。

　　歌德也碰到過不懷好意的挑釁。有一天，歌德漫步在威瑪公園，在一條小徑遇到了那個曾把他的所有作品貶得一文不值的批評家。這條狹窄的過道，只能通過一個人。他們面對面地站著。那個批評家十分傲慢，把頭一昂，毫不退讓地說：「對一個傻子，我絕不讓路！」歌德微笑著說：「我卻相反。」然後，站到了一邊。

　　歌德智慧地讓步，避免了無價值的糾纏，不是膽怯，不是懦弱，不是無能，而是大度、智慧和勇敢。

　　讓步，實際上是一種妥協的技巧。學會讓步，並不是代表你就輸了。雖然有些事不那樣令人滿意，但總有利益能讓你接受；如果事事爭個贏，吃不得一點虧，別人只好回避你，最後斷絕與你來往。這時你就成了真正的輸家。

　　被稱為「網路英雄」的比爾·蓋茲，就是一個能以包容取勝的成功者。在 windows 還不存在時，他去請一位軟體高手加盟微軟。那位高手十分傲慢，不予理睬。最後禁不住比爾·蓋茲的一再要求，同意見上一面。但見面後卻譏笑說：「我從來沒有見過微軟做得這麼爛的作業系統。」比爾·蓋茲絲毫沒有因此惱怒，反而誠懇地說：「正是因為我們做得不好，才請你加盟。」

那位高手被比爾‧蓋茲的這種包容折服了。從此，這位高手成為了 windows 的負責人。正是因為比爾‧蓋茲的包容才使他獲得了多種人才，微軟才開發出了世界最盛行的作業系統。

讓步是一種雅量，也是一種風度。它可以化解許多不必要的衝突。它是人際關係的潤滑劑，可以減少摩擦，緩和緊張關係。

春風可以解凍，溫情可以消冰。夫妻之間適當的讓步，可以增進感情；同事之間的適當讓步，可以增進團結；朋友之間的適當讓步，可以增進友誼。在一切非原則的分歧或矛盾面前，讓步就是化干戈為玉帛的靈丹妙藥。讓步所追求的不是我贏你輸，你贏我輸，而追求的是雙贏，追求共同走進陽光燦爛的日子。

不要得罪輕視任何人

社會是由形態個異的人組成的，只要活在這個社會上，都會與別人產生一種互動的關係。也就是說，人是靠彼此互助才得以生存的。魯賓遜流落在荒島還有一個叫「星期五」的夥伴，更不用說身處這樣一個競爭激烈、人際交往頻繁的現代社會中的我們？

俗話說得好：多個朋友多條路，多個冤家多堵牆。得罪別人，輕視別人就等於在無形中為自己砌牆一樣。在人際交往中，難免會碰到令自己討厭的人、被自己看不起的人。如果沉

不住氣，語言上得罪他們，舉止上輕視了他們。這樣做的後果，只會使我們的路越走越窄。因此，得罪人、輕視人就會給自己的人際交往設置障礙，就會壓縮自己的生存空間，甚至給自己帶來災難。

一隻老鷹追逐一隻兔子，想吃掉他。兔子眼看自己走投無路、孤立無援時，突然看見了一隻糞金龜。兔子求糞金龜幫幫他，救救他。糞金龜答應幫助他，保護他。這時候，老鷹已追到跟前。糞金龜對他說：「請別傷害兔子一根毫毛，因為他是我的僕人。」可是，糞金龜看上去那麼渺小，老鷹才不把他放在眼裡呢。老鷹掐死了兔子，並當著糞金龜的面津津有味地吃了起來。糞金龜並沒有忘記這一恥辱的，他一心在等待機會報復。不久，當他發現了老鷹的巢，並看到老鷹把他的蛋放在裡面後，便悄悄飛了進去，把老鷹的蛋推到鷹巢的沿上，使它落到地上摔破了。

老鷹悲憤交集，他飛到天上，來到天神的寶座前，請求天神給他提供一個能安心築巢、平安孵蛋的地方。天神說：「等你再孵蛋的時候，你可以把蛋放在我的懷抱裡孵化。因為你是我的飛鳥，所以我理應好好照料你。」於是，事情如此這般地發生了。可是，當那糞金龜瞭解了真情後，便立刻團了一隻糞蛋，然後帶著糞蛋飛到天上，來到天神面前，把糞蛋丟進了他的懷抱。天神發現了這個髒東西，想把它抖摟掉，可是他忘了懷裡還有老鷹的蛋，於是把它們連同那團糞蛋一塊兒抖掉了。結

果，老鷹的蛋又全都打碎了。

輕視一滴水就不會有浩瀚的海洋。輕視一棵樹，就不會有茂密的森林。輕視一磚一瓦，就不能蓋好高樓大廈。不要輕視和得罪任何一個人，哪怕他看起來是渺小的。

魏安僖王時期，國家極其貧弱，國力衰微，對外完全處於被動。此時，西邊的秦國已經十分強大，兵強馬壯，經常發動對外戰爭，獲取了不少利益。

一次，秦昭王把他的左右大臣召集在一起，向他們詢問：「諸位愛卿幫寡人分析一下，現在的韓國、魏國與當初相比，哪個時期更為強盛？」大臣們議論紛紛，都認為當初的兩國強盛。昭王接著問：「那麼兩國的如耳、魏其與當初的孟嘗君、芒卯相比，誰更為賢能呢？」群臣都認為後者更為賢能。於是，昭王放心的說：「當年孟嘗君、芒卯憑藉自己的賢能，率領強盛時期的韓國、魏國來攻打我國，還不能把我國怎麼樣。現在，無能的如耳、魏其，率領弱小的韓國、魏國要是來攻打我國，那就更不會有什麼威脅了。我國反而可以出兵，用不了幾個回合，就會很輕鬆地打敗它們，你們說是不是啊？」群臣聽了之後頻頻點頭稱是，都認為昭王言之有理。

正當昭王沉醉在群臣的稱讚聲中時，大夫中旗從群臣中走了出來表示異議。他對昭王鞠了一躬說：「大王，您對天下的形勢估計錯了。當初，晉國六卿並立時，智氏最為強大，它先後滅了范氏、中行氏，接著又率領韓、魏的軍隊把趙襄子圍困

三、自恃者不彰，自矜者不長

在晉陽，掘開晉水淹灌晉陽城，晉陽城只剩下三版寬的地方沒有被水淹。智伯到戰場上巡視水勢，魏桓子前來為他趕車，韓康子在身邊陪乘，那是多麼威風啊！智伯當時已是目空一切，指著滔滔不絕的河水說：『我現在才知道水可以滅亡別人的國家啊！』因為魏國的安邑緊鄰汾水，韓國的平陽緊鄰絳水，智伯的軍事行動威脅到了兩國的安全。所以，魏桓子與韓康子互相暗遞眼色，達成了默契，尋機將來一定要聯手除掉智氏。後來，二人聯合趙襄子滅亡了智氏，瓜分了它的封地。現在，秦國雖然兵強馬壯，但是不會超過當年的智氏，韓國、魏國雖然弱小，但還是比當年它們在晉陽城下時的力量強大。現在，也正是它們達成默契的時候，希望大王千萬不要輕視它們，不然的話就會出現當年智氏那樣的下場。」

秦昭王聽了他的這一番分析之後，才如夢方醒，心裡面對兩國也感到了恐懼。從此之後再也不敢小看他們了。

輕視、得罪一個國家，就會有亡國的危險。同樣，輕視、得罪一個人，也會有給自己帶來災難的可能。輕視、得罪一個同行，就為自己堵住了一條退路。同行有同行的圈子，有同行的朋友，如果你處理得不好，就會在行業內失去信譽，失去幫助。

輕視、得罪一個小人，你就會為自己埋下一顆定時炸彈。他也許平時不對你怎麼樣，到了關鍵時刻他就出手了，很多時候會使你下不了臺。當然，除非為了正義而得罪小人，其他時

候還是少得罪為妙。

　　所以，當你感到自己的利益被侵害時，得不到他人的尊重時，請不要輕易動氣。此外，也切記不要氣焰囂張，盛氣凌人，這種只有自己而沒有別人的輕視態度最容易得罪人，而且常不自知。最重要的一點，得罪人會變成一種習慣，一旦習慣養成，禍患無窮。

敬人一尺，得還一丈

　　有位哲人說：「尊重別人是一種美德，它會贏得認同、欣賞和合作。請你記住：不尊重朋友，你將失去快樂；不尊重同事，你將失去合作；不尊重領導，你將失去機會；不尊重長者，你將失去品格；不尊重自己，你將失去自我」。

　　尊重他人是一種低調。人人都想得到別人的尊重，總是想著：你若是對我好，那我也會對你好的；你若是對我不敬，那就別怪我不客氣。可是，到底是誰該先對誰好呢？這個問題就好像是先有雞蛋還是先有雞的問題，誰也說不清楚。其實，既然人人都想到了「人敬我一尺，我敬人一丈」，那麼，何不低調一些，為什麼就不能試試「我敬人一尺，人敬我一丈」呢？

　　一位商人看到一個衣衫襤褸的鉛筆推銷員，頓生一股憐憫之情。他不假思索地將 10 塊錢塞到賣鉛筆人的手中，然後頭也不回地走了。沒走幾步，他忽然覺得這樣做不妥，於是掉轉頭，抱歉地向賣鉛筆人解釋說自己忘了拿鉛筆，希望不要介

意。最後，他鄭重其事地說：「您和我一樣，都是商人。」

一年之後，在一個商貿雲集、熱烈隆重的社交場合，一位西裝革履，風度翩翩的推銷商迎上這位商人，無不感激地自我介紹道：「您可能早已忘記我了，而我也不知道您的名字，但我永遠不會忘記您。您就是那位重新給了我自尊和自信的人。我一直覺得自己是個推銷鉛筆的乞丐，直到您親口對我說，我和您一樣都是商人，才有了自尊。」誰想到，商人這麼一句簡簡單單的話，竟使一個不無自卑的人頓然樹立起自尊，使一個處境窘迫的人重新找到了自信。正是有了這種自尊與自信，才使他看到了自己的價值，終於透過努力獲得了成功。不難想像，假若當初沒有那麼一句尊重鼓勵的話，哪怕給他幾千元錢也無濟於事，決不會出現從自認為乞丐到自信自強的富商的巨變。

尊重，是一種修養，一種品格，一種對別人不卑不亢、不仰不俯的平等相待，一種對他人人格與價值的充分肯定。任何人都不可能盡善盡美，完美無缺，我們沒有理由以仰視的目光去審視別人，也沒有資格嘲笑他人。假如別人在某些方面不如自己，我們也不能用傲慢和不敬去傷害別人的自尊；假如自己在有些地方不如他人，我們也不必以自卑或嫉妒去代替理應有的自尊。一個真正懂得尊重別人的人，必然會以平等的心態、平常的心情，去面對所有事業的強者或弱者，所有生活中的幸運者或不幸者。

康德老人說過這樣一句話：「這個世界唯有兩樣東西能讓我

們心靈感到深深震撼。一是我們頂上燦爛的星空，二是我們內心崇高的道德法則。」

法蘭西皇帝拿破崙尊重他的士兵。他曾宣稱：「每個士兵的背囊中都有一根元帥的棒。他因此造就了大批將才，也擁有了一大批對它忠貞不渝的勇士。

商品經濟發達的今天，使不少人忘記了「尊重」二字。有些人認為「有錢便是老大」，尊重不尊重他人無關緊要。殊不知，不尊重別人，別人也會對你不敬。更有甚者，為眼前的蠅頭小利，不惜出賣自己的靈魂，不尊重自己的人格，這種人當然不會得到他人的尊重。其實，在生活和人際交往中，難免會磕磕碰碰。遇到這樣的事，人要寬容，大事化小，小事化了。對於你的寬容，大多數人是會接受的，並與你同行。你若不能容忍，想辦法對付和報復，這樣冤冤相報，永遠沒完沒了，你也不會感到快樂。

因此，不妨嘗試著按照下面的方法去做一下：

1. 在態度上尊重別人。如聽課、發言、他人談話時，我們要注意傾聽。

2. 要從禮儀上尊重別人。蓬頭垢面，不僅有損自己的形象，也是對他人的不尊重。站著和別人交談時，不要用腳連連打地；與長輩交談時，勿蹺「二郎腿」。

3. 守時也是一種尊重。和別人約好聚會，就應當準時赴約；安排活動更應當準時參加。

4. 尊重別人要注意場合。別人辦喜事，就別說不吉利的話；人家辦喪事，就不要興高采烈。

5. 在心理上尊重別人。每個人在人格上都是平等的。不要因為自己條件好就自傲，輕視他人。

6. 尊重他人要學會「見什麼人說什麼話」，也就是要瞭解對方的年齡、身份、語言習慣等。假如對方是位年長者，在稱呼上要禮貌，在語氣上要委婉，在語速上要舒緩，在話題上要「投其所好」。

7. 打招呼時不要「喂⋯⋯」不停，或者叫綽號，因為對方肯定「別有一番滋味在心頭」；交談時不談對方不願講的話題，不揭對方的傷疤等。

如果你是個成功者，也要保持低調，不要到處張揚你的成功。尊重是一顆給人溫暖的寬心丸，一劑催人奮進的強心劑。給成功者以尊重，表明了自己對別人成功的敬佩、讚美與追求；給失敗者以尊重，表明了自己對別人失敗後的同情、安慰與鼓勵。只要有尊重在，就有人間的真情在，就有未來的希望在，就有成功後的繼續努力，就有失敗後的東山再起。

尊重不是盲目的崇拜，更不是肉麻的吹捧，不是沒有原則的廉價奉迎，更不是沒有自尊的低三下四。懂得了尊重別人的重要，並不等於學會了如何尊重別人。讓我們牢記普希金所過的一句話「尊重別人吧，你會使別人快樂加倍，也能使別人的痛苦減倍。

鋒芒畢露不如虛懷若谷

古語說得好：「滿招損，謙受益。」一個人即使不驕傲自滿，而才華橫溢，鋒芒畢露，也容易遭人嫉妒或攻擊而受到損害。因為你的流光溢彩使周圍的人相形見絀，黯然失色，所以，你越能幹，事情做得越完美，就越易得罪人。也許你完全沒有意識到這一點，甚至百思不得其解，可事實就是如此。

歷代有識之士都把虛懷若谷作為修身之道。也正是具有虛懷若谷的胸懷，李世民才有「貞觀之治」的盛世，劉備才能三顧茅廬，宋江才能容納一百單八將聚於梁山泊。

朱元璋雖然是一個大老粗，但他勤於學習，頗通文墨，說劉伯溫是「吾子房也」，尊稱他為「老先生」。朱元璋以恭謙的態度向劉伯溫請教滅元興邦、統一宇內的大計方略。劉伯溫詳細分析了群雄逐鹿的情勢，呈上早已構思擬就的時務十八策，列敘各項謀略方策。朱元璋聽畢，大喜過望，直恨相見太晚。立即命令有司建造禮賢館，以上賓之禮奉待劉伯溫，並將他安排在身邊，參與機密要事的謀議。朱元璋的信任，使劉伯溫深為感動，慶倖自己遇到了明主，也大大觸發了他為國為民效力的志願。從此，劉伯溫輔助朱元璋打下了一片江山。

一個人真正能做到虛懷若谷，他的氣度就是一種無比強大的感召力，它更是一種美，是一種最能反映人格魅力的美。所以，凡事當留有餘地，不要鋒芒畢露，咄咄逼人，使人家感到需要你，卻不受到你的威懾，而要做到這一點就需要學會隱藏。

三、自恃者不彰，自矜者不長

　　一位元美國商人因生意的需要前往日本談判。飛機在東京機場著陸時，他受到兩位日方職員彬彬有禮的迎接，並替他辦理好了所有的手續。

　　簡單的寒暄之後，熱情的日本人問道：「先生，您是否會說日本語？」

　　「哦，不會，不過我帶來一本日文字典希望能儘快學會。」美國人回答道。

　　「您是不是非得準時乘機回國？到時我們安排您去機場。」日本人又問。

　　於是，聰明的日本人知道美國人只能在日本停留 14 天，只要讓這 14 天時間牢牢掌握在自己手中，他們就占主動地位了。首先，日本人安排異國來客作長達一個星期的遊覽，從皇宮到各地風情都飽覽一遍，甚至根據美國人的癖好，還特地帶他參加了一個用英語講解「禪機」的短期培訓班，聲稱這樣可以使美國商人更好地瞭解日本的宗教風俗。

　　每天晚上，日本人都會讓美國人半跪在冷硬的地板上，接受日本式殷勤好客的晚宴招待，往往一跪就是四個半小時，令美國人厭煩透頂，叫苦不迭，卻又不得不連連稱謝。但是，只要他一提出進行此次的商務洽談，日本人就會搪塞說：「時間還多，不忙，不忙。」

　　日子就一直這樣過去了。第 12 天，談判終於在一種膠著狀態下開始了，然而下午安排的卻是高雅的高爾夫球運動。

第 13 天，談判又一次開始，但為了出席盛大熱烈的歡送晚會，談判又只能提前結束。晚上，美國人已經急得像熱鍋上的螞蟻，但面對日本人的客氣和笑臉，美國人只得強顏歡笑，聽從日本人周密細緻的安排，把晚上的時間花在娛樂上。

第 14 天早上，談判在一片送別的氛圍中再次開始，本應在長時間內妥善完成的談判壓縮在半日內進行，其倉促是可想而知的。正當談判處在緊要關頭的時候，轎車鳴響了喇叭，前往機場的時間到了。主客只好急捲起協議草案，一同鑽進趕往機場的轎車，在途中再次商談合作的具體事宜。就在汽車抵達機場，美國客人就要步入機場通道的時候，雙方在協議書上簽了字。

然而不久之後，當美國商人在履行協議時才發現處處不對勁，己方處處吃虧，這才醒悟過來：原來日本人對此早有準備，只不過是一切陰謀和計策都隱在他們那永恆不變的笑容中了。

在當今複雜的社會中，過早地「嶄露頭角」也是危險的，是會使其陷入被動的。首先，處處顯露自己的才幹和見識，上司和同事就會產生一種心理定勢，總認為你比別人強。所以，如果一旦有所閃失，輕則說你還欠火候，重則落井下石。

再者，鋒芒畢露會過早地捲入升遷之爭。升遷之爭必然帶來殘酷的淘汰，由於職場新人在公司目前還無足輕重，所以，就有可能在不公平的暗箱操作和利益交換中，成為無辜的犧牲品。

三是根基不穩，雖長勢很旺，但經不起風撼霜摧。你的根基還不穩固，經不起職場天長日久的風吹雨打。因此，如果你現在還不具備厚積薄發的實力，那你就不要亮出自己全部的十八般武藝，最後黔驢技窮，被人嗤之以鼻逐出場外。到頭來心血白費，努力落空。

確實，在現代社會，好酒不怕巷子深。但鋒芒畢露，也不可能釀出好酒！因此，要謙虛，要有耐心，要學會等待，做一個虛懷若谷的人，使自己心胸不斷地開闊，不管內心感到多麼的充實，都要放開。覺的裝得差不多時，再放開一點；覺得好像已經夠滿了，再放開一點；覺得已經非常充實了，所有理念都比別人正確時，仍要繼續把心胸放開，放到像天那麼大，像地那麼大，像海那麼大。不管聽任何人說話、講課，跟任何人研究事情，都要秉持著虛懷若谷的心境，敞開心胸。

所謂學海無涯，學無止境，稍微虛心，必小有所得，非常虛心，必大有所得。虛可容一切，是人生一種境界和技巧，當別人都束手無策時，你的平淡才體現出技高一籌。

把明白埋在糊塗裡

裝糊塗在中國堪稱大智慧。鄭板橋「難得糊塗」幾乎無人不知。但難得糊塗的鄭板橋，其實是個明白人。

「難得糊塗」是鄭板橋在山東萊州的雲峰山寫的。那一年鄭板橋專程至此觀鄭文公碑，因盤桓至晚，不得已借宿於山間茅

屋。屋主為一儒雅老翁，自命糊塗老人，出語不俗。他室中陳列了一方桌般大小的硯臺，石質細膩，鏤刻精良，板橋大開眼界。老人請板橋題字以便刻於硯背。板橋以為老人必有來歷，便題寫了「難得糊塗」四個字，用了「康熙秀才雍正舉人乾隆進士」方印。

因硯臺過大，尚有餘地。板橋說老先生應寫一段跋語，老人便寫了「得美石難，得頑石尤難，由美石而轉入頑石更難。美於中，頑於外，藏野人之廬，不入富貴之門也。」他用了一塊方印，印上的字是「院試第一，鄉試第二，殿試第三」。板橋大驚，知道老人是一位隱退的官員，細談之下，方知原委。有感於糊塗老人的命名，板橋當下見還有空隙，便也補寫了一段：「聰明難，糊塗尤難，由聰明而轉入糊塗更難。放一著，退一步，當下安心，非圖後來報也。」這就是「難得糊塗」的由來。

生活中，揣著明白裝糊塗是一種達觀，一種瀟脫，一份人生的成熟，一份人情的練達。懂得了這一點，我們才能挺起剛勁的脊樑，披著溫柔的陽光，達到希望的彼岸。李白有一句耐人尋味的詩，叫「大賢虎變愚不測，當年頗似尋常人」，揭示了糊塗學意義上的處世法，這是指在一些特殊的場合中，人要有猛虎伏林，蛟龍沉潭那樣的伸屈變化之胸懷，讓人難以預測，而自己則可在其間從容行事。當然做到「明知故昧」絕非易事，如果沒有高度的涵養，是斷然不行的。

春秋時，楚王大宴群臣，文武大小官員，寵姬妃嬪，統統

出席，務要盡歡。席間奏樂歌舞，美酒佳餚，飲至黃昏，興猶未盡。楚王命點燭繼續夜宴，還特別叫最寵愛的兩位美人許姬和麥姬，輪流向各人敬酒。忽然一陣怪風，吹熄了所有蠟燭，漆黑一團，席上一位官員乘機揩油，摸了許姬的玉手，許姬一甩手，扯斷了他的帽帶，匆匆回座附耳對楚王說：「剛才有人乘機調戲我，我扯斷了他的帽帶，趕快叫人點起燭來看看誰沒有帽帶，就知道是誰。楚王聽了，忙命不要點燭，卻大聲向各人說：「寡人今晚，務要與諸位同醉，來，大家都把帽子除下來痛飲。」

於是各官員除掉帽子，楚王命令點燭，都不戴帽子了，也就看不出是誰的帽帶斷了。席散回宮，許姬怪楚王不給她出氣，楚王笑說：「此次宴會，目的在狂歡，酒後狂態，乃人之常情，若要追究，豈不是大煞風景，豈是宴會原意。」

許姬聽說，方服了楚王裝糊塗的用意，這就是有名的「絕纓會」。

後來楚王伐鄭，有一健將獨率數百人，為三軍開路，斬將過關，直逼鄭的首都，使楚王聲威大震，這位將軍後來承認他就是當年揩許姬油的那個人。

做任何事情，拿得起放得下，堪稱悟透了人生。有些人往往拿得起放不下，身枯力竭仍在拼命。

裝糊塗其實一點也不糊塗，是難得糊塗，是明白的最高境界。這樣的人懂得人生的潮起潮落，卻不隨波逐流；明白生活

的悲歡離合，卻不陷其中。這樣的人是跳出明白看明白，是山外看山；是沉醉糊塗悟糊塗，是樂在其中。這樣的人把社會當成舞臺，自己是觀眾，冷眼看世人你方唱罷他登場，人人都是「跑龍套」的，唱得再好的角兒也有玩不轉的時候。

1896 年 9 月 2 日，直隸總督兼北洋大臣李鴻章在訪美期間接受《紐約時報》記者的採訪，在回答關於是否贊成把歐美報紙介紹到大清國的提問時，李大人作了絕妙的發言：

「清國辦有報紙，但遺憾的是清國的編輯們不願將真相告訴讀者，他們不像你們的報紙講真話，只講真話。清國的編輯們在講真話的時候十分吝嗇，他們只講部分的真實，而且他們也沒有你們報紙這麼大的發行量。由於不能誠實地說明真相，我們的報紙就失去了新聞本身的高貴價值，也就未能成為廣泛傳播文明的方式了。」

古代官場中人的長於把明白埋在糊塗裡，不足為怪。李鴻章將大清國報紙的怯於講真話歸罪於編輯們，是迫不得已，實際上他心裡比誰都清楚。大清國皇權至上，沒有新聞自由，人們活得很沒有尊嚴，因此報紙上只能大講官話、套話、空話，不痛不癢的話。一旦講真話、講真相而開罪於官府、皇權，就會被查封，直至把新聞記者、編輯關進大牢裡去。李鴻章要是這樣做答，把責任算在大清的專制上，他的那個紅頂子怕就要被摘了。

隨著時代的發展，「糊塗學」的功能也在擴大。前幾年有一

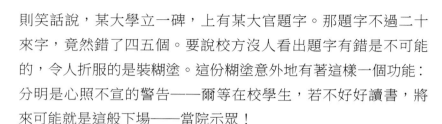

則笑話說，某大學立一碑，上有某大官題字。那題字不過二十來字，竟然錯了四五個。要說校方沒人看出題字有錯是不可能的，令人折服的是裝糊塗。這份糊塗意外地有著這樣一個功能：分明是心照不宣的警告——爾等在校學生，若不好好讀書，將來可能就是這般下場——當院示眾！

難得糊塗，在一個「難」字。把事情弄明朗，不是白就是黑，將任何事情都要分得清清楚楚，明明白白，自己累，別人也累。如果不是什麼重大的原則問題，就不要太斤斤計較。生活就像做一個拼盤，你往裡放什麼菜是你自己的事，有些事不必執著，有些事不必緊握手中，退一步就會海闊憑魚躍，放開手則天高任鳥飛。

未雨綢繆，防患未然

「詩經」中有一篇題為「鴟鴞」的詩，其中寫道：「迨天之未陰雨，徹彼桑土，綢繆牖戶。今此下民，或敢侮予！」意思是說：趁著天還沒有下雨的時候，趕快用桑根的皮把鳥巢的空隙纏緊，只有把巢堅固了，才不怕人的侵害。後來，大家把這幾句詩引申為「未雨綢繆」，意思是說做任何事情都應該事先準備，以免臨時手忙腳亂。

鼴鼠是完全生活在地下的地鼠，它們擅長在地底挖洞，挖的不只一條，而是四通八達、立體網狀的坑道。要挖出這樣的坑道當然很辛苦，但一旦完成，就可以守株待兔地等食物上

門。同樣在地底鑽土而行的蚯蚓、甲蟲等等，常會不知不覺闖進鼴鼠的坑道中，被來回巡邏的鼴鼠捕獲。鼴鼠在自製的網狀坑道裡繞行一周（有時要花上幾個鐘頭），就可以抓到很多掉進陷阱的獵物。如果俘獲的昆蟲太多，吃不完的就先將它們咬死，放在儲藏室裡。

先多花些時間，做好完善的硬體設施，這樣才有安逸清閒的日子可過。

身處當今這個紛繁複雜的社會，為人做事更要「未雨綢繆，防患未然」，不要因為細枝末節的小事情導致不可挽回的損失。中國智謀學祖師爺鬼谷子曾細心地總結了中國社會的運作方式，提出了多條應對祕訣。其中一條就是「抵巇」。事情在出現徵兆時，應當立即察覺。千里長堤，潰於蟻穴。秋毫之末的小縫隙，最終可能動搖泰山的根基；一團小小的火苗，就會把大廈燒成灰燼。

如果能在問題還處在萌芽階段，沒有形成規模，局勢的兆頭還沒有顯現的時候，就已經洞燭先機，獨具慧眼，知道哪些事可做，哪些事不可做，存亡、得失的關鍵都事先看得到，把握得住，便不失為智者。

戰國時的范雎，以「遠交近攻」的策略說動秦昭王后，被秦昭王拜為客卿。為秦昭王出謀劃策，廢黜了專權的宣太后，驅逐了把持朝政的穰侯、高陵君、華陽君、涇陽君等人，維護了昭王的絕對權威。昭王於是拜范雎為相國，封為應侯。

三、自恃者不彰，自矜者不長

　　這時，燕國人蔡澤來到了泰國。在成陽住下後，他放風說：「燕國來了一位士人蔡澤，非常能言善辯。他說如果他一旦見到昭王，昭王一定會因此把范睢扔到一邊，撤掉范睢的丞相職務。」范睢決定見一見這個不速之客。

　　蔡澤見到范睢後，對他直言不諱地說：「人們常說，太陽運行到中天便要偏西，月亮圓滿便要虧缺。物盛則衰，這是天地間的自然規律。你現在功勞很大，官位到了頂點，秦王對你的信任也無以復加，正是退隱的好時機。這時退下來，還能保住一生的榮耀，不然的話，必有災禍。想當年，商鞅為秦孝公變法，使秦國無敵於天下，結果卻遭到車裂而死的下場。白起率軍先攻楚國，後打趙國，長平之戰殺敵 40 萬，最後還是被迫自殺。又如吳起，為楚昭王立法，兵震天下，威服諸侯，後來卻被肢解喪命。文種為越王勾踐深謀遠慮，使越國強盛起來，報了夫差之仇，可是最終還是被越王所殺。」

　　范睢聽了，不禁聳然動容。蔡澤稍稍停了一會兒又說：「這四個人都是在功成名就的情況下不知退隱而遭受的禍患。這就是能伸而不能曲，能進而不能退啊！你何不在此時歸還相印，低調地退出，讓位給賢能的人，自己隱居山林，永保廉潔的名聲、應侯的地位，世世代代享受榮耀呢？」

　　過了幾天，范睢向秦昭王推薦蔡澤自代，託病歸還了相印。

　　「人無遠慮，必有近憂」，在大火燃燒起來之前就能預先防止，使自己超然獨立，站在安全正確的一面。是每個人都應該

具備的防患意識。

宋朝時，大強盜張海將要從高郵城經過。高郵城守將晁仲約考慮到無法抵禦這些強盜，就曉諭郡中富裕人家，讓他們拿出牛羊好酒招待張海。事情傳出，宰相富弼提議把晁仲約抓來明正典刑。

范仲淹為他求情說：「按郡縣的兵力和武器，足以戰勝這幫強盜，守住城池。晁仲約遇到強盜不抵禦，反而賄賂他們，依法當誅。可是現在高郵既沒有士卒，又沒有武器，況且老百姓的心理是：寧願大家湊集些財物，免於被燒殺搶掠。他們對晁仲約的決定肯定非常歡喜。

殺了晁仲約，不符合制定法律的本意。」

富弼十分氣憤地對范仲淹說：「剛要依法行事，你就多方阻撓，今後用什麼來整頓法紀？」

范仲淹悄悄對他說：「自從宋朝開國以來還未曾輕易誅殺臣子，這是現在不成文的規矩。為何要輕易破壞了這一規矩呢？如果以後皇帝把手殺順了，我們這些人的腦袋還能保得住嗎？」

富弼不以為然。等到二人出京巡視邊防，富弼從河北返回京都，到了京城大門，卻不准他進去。他擔心朝廷有「兔死烹狗」之舉，整夜彷徨不安，不由感歎道：「范仲淹是個聖人啊！」

古人說：「富貴如刀兵戈矛，稍放縱便銷膏靡骨而不知；貧賤如針砭藥石，一憂勤即砥節礪行而不覺。」因此，在人生鼎盛

時，更要學會低調，要存一種小心謹慎、如臨深淵、如履薄冰的心態。保守穩重，處進思退，不要留下摔跟頭的隱患。

人生就像打牌，勝負在於一瞬間的判斷。如果出錯一張牌，該贏未贏，那麼生存處境就會急轉直下，難以翻身，甚至有以徹底失敗而告終的危險。在打牌中，很多人在出錯了牌以後，會說：「這一次不算。」但在生活中，這是十分可怕的想法。低調行事，深謀遠慮，明察秋毫，才能清楚成功、失敗的關鍵所在，並能事先預防，把可能導致失敗的因素提前消滅，轉禍為福，轉危為安。

四、味要減三分，路要讓一步

　　滋味濃時，減三分讓人嘗；路徑窄處，應留一點空間餘地讓他人行走，這樣就不會有衝突。處世要方圓自在，待人要寬嚴得宜。德在人先，利在人後，必受人尊。嚴於律己，寬以待人，必受人敬。能常保這種謙讓與為人設想的態度待人接物，才是最安詳快樂的處世之道。

處事讓一步為高，待人寬一步為福

菜根譚中講：「處世讓一步為高，退步即進步的根本，待人寬一分是福，利人實利己的根基。」這裡所講的便是寬容的藝術。寬容是一種豁達的風範，對於人生，只有擁有一顆寬容的心，才能坦然面。寬容，往往折射出待人處世的經驗和藝術。寬容是通向輕鬆生活的捷徑，因為它是化解人與人之間矛盾的良藥。

美國拳王喬·路易在拳壇所向無敵。有一次，他和朋友一起開車出遊，途中因前方出現異常情況，他不得不緊急剎車。不料後面的車因尾隨太緊兩輛車有了一點輕微碰撞。後面的司機怒氣衝衝地跳下車來，嫌他剎車太急，繼而又大罵喬·路易駕駛技術有問題，並揮動雙拳，大有想把對方打個稀巴爛的架勢。喬·路易自始至終除了道歉的話外再無一語，直到那個司機罵得沒趣了，揚長而去。喬·路易的朋友事後不解地問他：「那人如此無理取鬧，你為什麼不好好揍他一頓？」喬·路易聽後認真地說：「如果有人侮辱了帕華洛帝，帕華洛帝是否應為對方高歌一曲呢？」

為人處世以遇事都要讓人一步的態度才算是最高明的人，因為讓一步就等於是為日後進一步留下餘地；而待人接物以抱寬厚態度的人為最快樂，因為給人家方便就是日後給自己留下方便的基礎。

讓一步並不意味著退卻不前或軟弱可欺，並不是面對委

140

屈、誤解、甚至凌辱無動於衷，而是以寧靜平和的心態去感化他人的淺薄行為，以寬闊博大的胸懷去包容他人的悖理舉動，最終以無可爭議的成功來警醒世人。

在生活中，人們難免會犯錯誤，對於有錯誤的人如果過分地嚴厲指責，可能會適得其反，如果待人寬一步，以寬容的心態去對待，既給了他人改錯的機會，又會使自己有所收穫，對人對己，未嘗不是一份福氣。

在就業極其困難的情況下，安妮好不容易找到了一份在高級珠寶店做售貨員的工作。雖然不是什麼好工作，但已是非常難得了，所以，安妮分外珍惜這個機會。

一天，安妮在整理戒指時，瞥見另一邊櫃檯前站著一個男人，高個子，白皮膚，年齡大約三十歲，但他臉上的表情嚇了安妮一跳，這幾乎就是這不幸年代的貧民縮影：一臉的悲傷、憤怒、惶惑，好像一隻掉進陷阱中的野獸；剪裁得體的法蘭絨服裝已經襤褸不堪，訴說著主人的遭遇；他用一種企盼而絕望的眼神，盯著那些寶石。

安妮的心中因同情而湧起一股莫名的悲傷，這時電話鈴響了，安妮急忙去接電話，當她急急忙忙跑出來時，衣袖碰落了一個碟子，6 枚精美無比的鑽石戒指滾落到地上。安妮慌忙四處尋找，撿起了其中的 5 枚，而第 6 枚卻怎麼也找不到。

安妮想，一定是滾落到櫥窗的夾縫裡，就跑過去細細搜尋。沒有！她突然瞥見那個高個男子正向出口走去。頓時，安

妮知道戒指在哪兒了。碟子打翻的一剎那，他正好在場！

當男子的手將要觸及門把時，安妮柔聲叫住了他：「對不起，先生！」那男子轉過身來，兩人相視無言，足足過了有一分鐘。「什麼事？」他問，臉上的肌肉在抽搐。

此時此刻，安妮的命運就掌握在他手裡。她能感覺到他進店不是想偷什麼。他也許想得到片刻溫暖或感受一下店裡美好的氣氛。安妮深知在這個社會上生存有多麼艱辛，還能想像得出這個可憐人是以怎樣的心情看待這個社會：一些人在購買奢侈品，而他卻食不果腹。

「先生，這是我的第一份工作，現在找個事做很難，不是嗎？」安妮神色黯然地說。男子久久地審視著她，終於，一絲柔和的微笑浮現在他的臉上。「是的，的確如此。」他回答，「但是我能肯定，你一定會幹好這份工作。」停了一下，他向前一步，把手伸給了安妮：「我可以為你祝福嗎？」安妮也立刻伸出手，兩隻手緊緊地握在一起。她用低低的但十分柔和的聲音說：「也祝你好運！」

男子轉過身，慢慢走了出去，安妮目送他的身影漸漸遠去，轉身來到櫃檯，把手中握著的第 6 枚戒指放回原處。

這是一個非常感人的故事。對一名誤入歧途的「文明」盜竊者，安妮以她的寬容與善良喚醒了對方的良知，以彬彬有禮的話給了對方一個臺階，而對方也以十分體面的方式改正了自己的過錯。如果安妮不給對方留下絲毫的餘地，戒指固然可以失

而復得，也許男子的前途可能就此毀了，而安妮也可能因此丟掉不易得來的工作。

讓一步是一種豁達的摯愛，它像一泓清泉澆滅哀怨嫉妒之火；寬容是思想品質的一種進步，可以化衝突為祥和，化干戈為玉帛。寬容讓步是一種高尚的品德。別人衝撞了你，內心也會感到不安。你以忍讓待人，自然會得到別人的理解與擁戴。寬容讓步還是一種深厚的涵養，它是一種善待生活、善待別人的境界，能陶冶人的情操，帶給你心靈的恬淡與寧靜。它不但可以改善自己與社會的關係，還可以使自己的心靈得到慰藉與昇華。

處世讓一步為高，退步是進步的根本；待人寬一分為福，利人是利己的根基；文章做到極處，無有他奇，只是恰好。人品做到極處，無有他異，只是本然。

讓對手賺足面子

華人最大的特點就是愛面子，做什麼事首先考慮到的是自己的面子。「面子」到底是什麼東西呢？說白了就是尊嚴。誰都希望自己在別人面前有尊嚴，被人重視，被人尊重。

在人生的道路上，誰都不能擔保不會陷入尷尬。面對別人尷尬的處境，是幸災樂禍，落井下石，還是為對方提供一個恰當的臺階？這是善與惡、智與愚的分水嶺。切不可為了自尊與虛榮而不給別人面子，要放低姿態，善於給別人面子，並且要

給足面子。

　　戰國時期，廉頗是趙國有名的良將，他戰功赫赫，被拜為上卿。藺相如「完璧歸趙」有功，被封為上大夫，不久，又在澠池秦王與趙王相會的時候，維護了趙王的尊嚴，因此又被提升為上卿，且位在廉頗之上。廉頗對此不服，揚言說：「我要是見了他，一定要羞辱他一番。」藺相如知道後，就有意不與廉頗會面。別人以為藺相如害怕廉頗，廉頗為此很得意。可是藺相如卻說：「我哪裡會怕廉將軍？不過，現在秦國倒是有點怕我們趙國，這主要是因為有廉將軍和我兩個人在。如果我跟他互相攻擊，那只能對秦國有益。我之所以避開廉將軍，是以國事為重，把私人的恩怨丟一邊了！」這話傳到了廉頗耳朵裡，廉頗十分感動，便赤著上身，背負著荊杖，來到藺相如家請罪。他羞愧地對相如說：「我真是一個糊塗人，想不到你能這樣地寬宏大量！」兩個人終於結成誓同生死的朋友。

　　退一步，海闊天空；有錯就改，同樣海闊天空。改過的前提是認識到缺點。廉頗在知道藺相如大度忍讓為國家之後，頓感羞愧難當，認識到自己錯了，於是他負荊請罪，與藺相如共譜了一曲將相和的美好樂章。如果沒有藺相如的識大體，低調忍讓，事情不會雨過天晴；同樣，如果沒有廉頗的及時糾錯，也不會有將相和，趙國則將很快垮掉　「錯誤是不可避免的，但不要重複錯誤。」廉頗在認識到自己錯誤後，沒有遲疑，也不曾重複，及時地改正了他自私、妒忌、蠻橫無理的缺點，避免了

錯誤的重複，這也體現了廉頗的大度、勇氣。

「人非聖賢，誰能無過？過而能改，善莫大焉。」，金無足赤，人無完人，沒有人能永遠不犯錯，永遠完美無缺，關鍵是對待缺點要改正，而且要及時改正，當缺點被我們一一改正以後，回過頭來再看，缺點，已越來越遙遠。

「人活臉，樹活皮。」學會讓對手賺足面子，你給別人一次面子，就可能會增加一個朋友；而你每打臉人一次，就可能增加一個敵人。

美國財富巨擘摩根財團創始人，約翰·皮爾龐特·摩根在年輕的時候也不是很注意給別人留面子的，但是他父親給講過他朋友的一個親身經歷，讓他頓悟不少。

裡斯是他的父親朱尼厄斯的朋友的工人，這天他要去找他父親的朋友也就是他的老闆抗爭。

「我們雖然是工友，但也是人，怎麼能動不動就加班，一年到頭的上班，結果人都累死了卻賺不了幾個錢。」老克里斯出發之前，義憤填膺地對同事說，「我要好好訓訓那自以為了不起的老闆。」

「我是克里斯。」克里斯對老闆的助手說，「我約好的。」

「是的、是的。老闆在等你，不過不巧，有位同事臨時有急件送進去，麻煩您稍等一下。」助手客氣地把克里斯帶過會客室，請克里斯坐，又堆上一臉笑，「你是喝咖啡還是茶？」

「我什麼都不喝。」克里斯小心地坐進大沙發。

「老闆特別交代，如果您喝咖啡，一定要最好的咖啡。」

「那就茶吧！」

不一會兒，助手小姐用托盤端進茶，又送上一碟小點心：「您慢用，老闆馬上出來。」

「我是克里斯。」克里斯接過茶，抬頭盯著助手小姐，「你沒弄錯吧，我是工友克里斯。」

「當然沒弄錯，你是公司的元老，老同事了，老闆常說你們最辛苦了，一般工友加班到九點，你們得忙到十點，實在心裡過意不去。」

正說著，老闆已經大跨步地走出來，要跟他握手：

「聽說您有急事？」

「也……也……也，其實也沒什麼，幾位工友叫我來看看您……」

不知為什麼，憋了一肚子不吐不快的怨氣，一下子全不見了。臨走，還不斷對老闆說：「您辛苦、您辛苦，大家都辛苦，打擾了！」

你看，老闆還沒出現，就已經把問題化解了一大半，不是嗎？

朱尼厄斯曾經對摩根說過，碰上正激動的克里斯，與其一見面就不高興，何不請他坐下，讓他先冷靜一下？他如果有怨言，覺得不被尊重，何不為他奉上茶點，待為上賓，使他受寵若驚？

人都要面子，你先放低姿態，讓對方賺足了面子，對方就會為你留面子。更重要的是，當你遇到實力比你差得遠的對手時，如果你硬是高高在上，由於他沒有「談的籌碼」，往往會流於意氣之爭，作困獸之鬥。不善於給別人臺階下臺，既是害人又害自己。

　　做人要厚道，凡事給人給己留一條後路吧！再敏感的人也會有觸動他的導火線，狗急了會跳牆，把人逼上梁山的後果便是吹氣球時用氣過了頭後的突然爆炸，因此，我們在與人交往時，在為自己爭面子之前，最好低調處理，先讓對方賺足面子。

讓朋友表現得比你優越

　　法國一位哲學家曾說過：「如果我想樹立敵人，只要處處壓過他、霸占他就行了。但是，如果你想贏取朋友，你就必須讓朋友超越你。」當朋友優於我們，超越我們時，可以給他一種優越感。但是當我們過於張揚，處在壓過他們，凌駕他們之上時，就會使其產生自卑而導致嫉妒與不悅。

　　無論你採取什麼方式指出別人的錯誤：一個蔑視的眼神，一種不滿的腔調，一個不耐煩的手勢，都有可能帶來難堪的後果。你以為他會同意你所指出的嗎？絕對不會！因為你否定了他的智慧和判斷力，打擊了他的榮耀和自尊心，同時還傷害了他的感情。他非但不會改變自己的看法，還要進行反擊，這時，你即使搬出所有柏拉圖或康德的邏輯也無濟於事。

四、味要減三分，路要讓一步

　　有一位年輕的律師，他參加了一個重要案子的辯論，這個案子牽涉到一大筆錢和一項重要的法律問題。在辯論中，一位最高法院的法官對年輕的律師說：「海事法追訴期限是六年，對嗎？」

　　律師愣了一下，看看法官，然後率直地說：「不！庭長，海事法沒有追訴期限。」

　　這位律師後來說：「當時，法庭內立刻靜默下來。似乎連氣溫也降到了冰點。雖然我是對的，他錯了，我也如實地指了出來。但他卻沒有因此而高興，反而臉色鐵青，令人望而生畏。儘管法律站在我這邊，但我卻鑄成了一個大錯，居然當眾指出一位聲望卓著、學識豐富的人的錯誤。」

　　這位律師確實犯了一個「比別人正確的錯誤」。因此，在指出別人錯了的時候，為什麼不能做得更高明一些呢？

　　人類天性中最深切的衝力是「做個重要人物的慾望」，請對方幫你一個忙，不但能使他自覺重要，也能使你贏得友誼與合作。

　　有一次卡內基乘汽車到法國內陸去旅行，迷失了方向。於是就停下老舊的福特車，向一群農人請教，到下一個市鎮該走哪條路。這麼一問，效果驚人。那些穿著木鞋的農人，認為所有的美國人都是有錢的。那裡汽車很少，這部汽車對他們來說簡直是稀奇物。美國人坐著汽車旅行法國，必定是百萬大富翁了。可能就是汽車大王亨利‧福特的親戚。但他們卻知道一些我

們不知道的事情。

　　我們比他們有錢，但我們得畢恭畢敬地向他們請教到下一個市鎮該走哪條路。這就使他們覺得非常的重要，立刻七嘴八舌起來。有一個傢伙為了這稀有的機會而興奮得不得了，命令所有的人都不要講話，他要獨自享受這指示我們方向的快樂。

　　你自己不妨也試試這項原則吧。下一次你在一個陌生的城市迷了路，攔住個在經濟和社會地位都低於你的人，放下身架，低調地向他請教說：「我不曉得能不能請你幫我一個小忙，告訴我怎樣才能到某某地方？」如果你能這樣做，相信你會收到良好的效果的。

　　班傑明‧富蘭克林就運用這項原則，把一個刻薄的敵人變成了他一輩子的朋友。在那個時候，富蘭克林還是一個年輕人，他把所有的積蓄都投資在一家小印刷廠裡。他又想辦法使自己獲選為費城州議會的文書辦事員。這樣一來，他就可以獲得為議會印檔的工作。那樣可以獲利很多，因此他當然不願意失去文書辦事員的職務。可是出現了一項不利的情形。議會中最有錢又最能幹的議員之一，卻非常不喜歡富蘭克林。他不但不喜歡富蘭克林，還公開斥罵他。

　　這種情形非常的危險，因此，富蘭克林決心使對方喜歡他。但是，怎樣做呢？這是一個難題。給他的敵人一點點小惠？不可以，那樣會引起他的疑心，甚至輕視。富蘭克林非常聰明，他採取了一個相反的辦法，他去請求敵人來幫他

一個小忙。

富蘭克林向他的敵人借十塊錢。這令對方覺得非常的高興——這個請求觸動了他的虛榮心，使他覺得獲得了尊重。這項請求，很巧妙地表示出富蘭克林對對方的知識和成就的仰慕。

下面就是富蘭克林自己敘述的經過：

「聽說他的圖書室裡藏有一本非常稀奇而特殊的書，我就給他寫了一封便箋，表示我極欲一睹為快，請求他把那本書借給我幾天，好讓我仔細地閱讀一遍。他馬上叫人把那本書送來了。過了大約一個星期的時間，我把那本書還給他，還附上一封信，強烈地表示我的謝意。於是，下次當我們在議會裡相遇的時候，他居然跟我打招呼（他以前從來就沒有那樣做過），並且極為有禮。自那以後，他隨時樂意幫忙，於是我們變成很好的朋友。」

富蘭克林去世已經一百五十多年，而他所運用的心理辦法，也就是「請求別人幫忙」的心理辦法，可以說對今天的我們也很有效。

你內心如果是一團火，才能釋放出光和熱，你內心如果是一塊冰，就是化了也還是零度。人人都有虛榮心，人人都希望得到別人的賞識和看重。有的人為了一點兒虛名，什麼事都幹得出來；有的人為了一點兒小面子，不惜捋起袖子拼老命。反過來，如果你滿足了別人的虛榮心，讓他覺得有面子，就是對他最好的讚美，他一定會對你心存好感，並回報於你。

先人後己，以誠待人

班傑明·富蘭克林說過：「對上司謙遜，是一種責任；對同事謙遜，是一種素養；對部屬謙遜，是一種尊榮。」人們稱謙遜為一切美德的皇冠，因為它將自覺的紀律、天職、義務以及意志的自由和諧地融會到一起。失去謙遜，那就是一種張揚跋扈，自高自大的表現。

謙遜像愛好勞動，盡心竭力，堅定頑強的親姊妹。誇誇其談的人從來不是勤奮的勞動者。誠信，像房子的地基，假如地基比較弱，在上面蓋一所大房子，一旦有風暴就會被吹倒。一個沒有謙遜的世界，謙遜的優點就會彰顯。在沒有謙遜的世界裡，生活中才發生了人與人之間的爭吵、衝突、家庭悲劇。

做人的第一要訣是要誠實，誠實就像樹木的根，如果沒有根，樹木無法生存，人如果喪失了誠信，也無法立足。人們把誠信比做黃金，黃金有價，誠信卻無價。誠信是我們心中苦苦追求的生命之樹開出的最美麗的花。失去誠信，便失去做人的資格。一個沒有誠信的世界，誠信的重要性就會突顯。在沒有誠信的世界裡，我們中的每一個人都會逐漸懷疑一切事物。輕則人們之間會變得冷漠，重則人們之間會充滿恐懼。

話說有一個小孩，他撿到了一把小斧子，為了試一試這一把斧子鋒不鋒利，他就拿小斧子來砍父親那棵最心愛的櫻桃樹。結果，櫻桃樹轟然倒下了。小孩雖然非常害怕自己的父親會罵他，可是，小孩想：「我應該做一個誠實的孩子。」於是，

他把這一件事情告訴了他的爸爸。小男孩沒有想到，自己的爸爸非不但沒有罵他，而且還表揚他勇於承認錯誤。這個小男孩就是後成為美國總統的華盛頓。

當今世界，巨大的經濟和商業變化使得「先人後己，以誠待人」這種謙遜和誠信的美德變得越來越重要。在新的市場環境中，必須要講謙遜和誠信，離開了它，你在競爭中就無法獲勝。

傳說明末清初時，蘇州虎丘有一個農夫生了三個兒子，由於家道貧寒，農夫將僅有的一塊田地分成三份，各交給三個兒子去栽種茶葉，自己則去廣東謀生，定期返家探視。一次，農夫帶回一捆花苗，私下交給大兒子種在茶田裡。待此花開花時，異香滿地。大兒子發現他田裡的茶葉也香了，就一個人悄悄送到城裡去賣，一下子就賣光了，發了財。兩個弟弟聞知後，向大哥要分錢，幾乎打起架來，只好找當地一個德高望重的長者來評理。那位長者知道情況後，勸他們團結起來，每人的茶田裡都種那種花不就好了嗎？長者教育他們不要自私自利，把利放在末位，先人後己，三個兒子聽後十分感動，便不鬧了。長者就取此花之名為「末利」以示紀念，意思是把利益放在末位，先共同致富。後來，果然茶田種得好，茶葉暢銷。蘇州的茉莉花茶從此興盛起來，後來人們將「末利」改成了「茉莉」。

修煉的人知道，德是一種實實在在的物質，人生的一切福運均來自於自身長期積累的德。先人後己是守德和真正自重的

一種體現，正是因為這位長者的教誨使得三兄弟懂得了謙遜退讓這種待人處事應遵循的原則，明白了先人後己這種厚積薄發的潛在力量，從而使得茉莉花茶能得以興盛並流傳下來。

日本著名的企業家吉田忠雄在回顧自己的創業成功經驗時說過：為人處事首先要講求誠實，以誠待人才會贏得別人的信任，離開這一點，一切都成了無根之花，無本之本。

在他創業的初期，他曾經做過一家小電器商行的推銷員。開始的時候，他做得並不順利，很長時間業務並沒有什麼起色，但他並沒有灰心，而是堅持做了下去。有一次，他推銷出去了一種刮鬍刀，半個月內同二十幾位顧客做成了生意，但是後來突然發現，他所推銷的刮鬍刀比別家店裡的同類型產品價格高，這使他深感不安。經過深思熟慮，他決定向這二十家客戶說明情況，並主動要求向各家客戶退還價款上的差額。他的這種以誠待人的做法深深感動了客戶，他們不但沒收價款差額，反而主動要求向吉田忠雄訂貨，並在原有的基礎上增添了許多新品種。這使吉田忠雄的業務數額急劇上升，很快得到了公司的獎勵，這給他以後自己創辦公司打下了良好的基礎。

誠信是成功的保證。當面對金錢和利益的誘惑時，要保持冷靜，切不可因貪小便宜吃大虧。

做人要善於正確看待自己的優缺點。無論人家怎樣誇獎，你都要明白，你還遠不是個盡善盡美的人。你要懂得，人們讚揚你，多半是要求你這樣進行自我教育：怎樣才能做得更好。

做人要用一種長遠的眼光來看待誠信。要每個人都渴望得到真誠，只要你誠懇地對待別人，你就可以贏得人心。因為誠信的力量是讓人無法拒絕的。在人的各種美的個性之中，有一種共同的品性，那就是真誠。可以說，天下沒有一種廣告能比誠實的美譽更能取得他人的青睞了。

謙遜，是人們評估你的砝碼。誠信，是取信於人的鑰匙。你應當正確看待自己，在對未來提出主張和計畫的時候，你越是謙遜低調，為克服困難和達到似乎不可能達到的目標時，你身上表現出來的毅力就越大。

擁有良好的信譽，就如同擁有無形天價的財富。只要你會去經營它，不去損害它，它就是取之不盡用之不竭的財富寶藏。請記住：當你心中只有你自己的時候，你把麻煩其實也留給了自己；當你心中想著他人的時候，其實他人也在不知不覺中方便了你！

有理也要讓三分

生活中，矛盾無處不在，無處不有。但是，怎麼解決矛盾，怎樣化解矛盾？這是最關鍵的問題，也是最難辦，最頭痛的事情。

同樣是處理矛盾。有的人的態度是：人爭一口氣，佛爭一炷香，總想爭個高下，分個輸贏。於是，他們往往只因為芝麻小事，而爭吵不休、大打出手，甚至於鬧出人命官司，反誤了

卿卿性命。而有的人的態度是：小不忍則亂大謀，得饒人處且饒人、有理也要讓三分。於是，他們心胸開闊，退一步，生活仍是海闊天空。

清朝宰相張廷玉與一位姓葉的侍郎都是安徽桐城人。兩家比鄰而居，都要起房造屋，為爭地皮，發生了爭執。張老夫人便修書北京，要張宰相出面干預。沒想到，這位宰相看罷來信，立即做詩勸導老夫人：「千里捎書只為牆，再讓三尺又何妨？萬里長城今猶在，不見當年秦始皇。」張老夫人見書明理，立即主動把牆往後退了三尺。葉家見此情景，深感慚愧，也馬上把牆讓後三尺。這樣，張葉兩家的院牆之間，就形成了六尺寬的巷道，成了有名的六尺巷。

若想在困難時得到援助，就應在平時寬以待人。包容接納、團結更多的人，在順利的時候共同奮鬥，在困難的時候患難與共，進而為自己增加成功的能量，創造更多的成功機會。反之，則會被大家疏遠，在其成功的道路上，人為地增加了阻力。

漢朝時有一位叫劉寬的人，為人寬厚仁慈。他在南陽當太守時，小吏、老百姓做了錯事，為了以示懲戒，他只是讓差役用蒲草鞭責打，使之不再重犯，此舉深得民心。劉寬的夫人為了試探他是否像人們所說的那樣仁厚，便讓婢女在他和屬下集體辦公的時候捧出肉湯，故作不小心把肉湯灑在他的官服上。要是一般的人，必定會把婢女毒打一頓，至少也要怒斥一番。

四、味要減三分，路要讓一步

但是劉寬不僅沒發脾氣，反而問婢女：「肉羹有沒有燙著你的手？」由此足見劉寬為人寬容的肚量確實超乎一般人。

這就是有理讓三分的做法，劉寬以自己寬宏的肚量感化了人心，也贏得了人心。

許多人一旦陷身於矛盾的漩渦，便焦躁起來，有時為了一己的私利，甚至是為了一點點面子，也要強詞奪理，一爭高下。一副得理便不饒人的樣子，非逼得對方大敗而歸或自認倒楣不可。然而這種「得理不讓人」雖然讓你吹著勝利的號角，但也成了下次爭鬥的前奏。因為這對「戰敗」的一方也是面子和利益的問題，他當然要伺機「討」還。

如果在這種情況下，像劉寬那樣自己有理也讓別人三分。給他人一個臺階下的同時，也為自己攢下了人情，留下了後路。

楊玢是宋朝尚書，年紀大了便退休在家，安度晚年。他家住宅寬敞、舒適，家族人丁興旺。有一天，他坐在書桌旁，正要拿起《莊子》來讀，他的幾個侄子跑進來，大聲說：「不好了，我們家的舊宅被鄰居侵占了一大半，不能饒他！」

楊玢聽後問：「不要急，慢慢說，鄰居侵占了我們家的舊宅地？」「是的。」侄子回答。楊玢又問：「鄰居家的宅子大還是我們家的宅子大？」侄子們不知其意，說：「當然是我們家宅子大。」楊玢又問：「鄰居占些舊宅地，於我們有何影響？」侄子們說：「沒有什麼大影響，雖無影響，但他們不講理，就不應該放過他們！」楊玢笑了。

156

過了一會兒，楊玢指著窗外落葉，問他們：「樹葉長在樹上時，那枝條是屬於它的，秋天樹葉枯黃了落在地上，這時樹葉怎麼想？」侄子們不明其意。楊玢乾脆說：「我這麼大歲數，總有一天要死的，你們也有老的一天，也有要死的一天，爭那一點點宅地對你們有什麼用？」侄子們現在明白了楊玢講的道理，說：「我們原本要告他的，狀子都寫好了。」

　　侄子呈上狀子，他看後，拿起筆在狀子上寫了四句話：「四鄰侵我我從伊，畢竟須思未有時。試上含光殿基望，秋風秋草正離離。」寫罷，他再次對侄子們說：「我的意思是在私利上要看透一些，遇事都要退一步，不要斤斤計較。」

　　在紛繁複雜的社會中生活，誰能保證自己不會和別人發生一些磕磕碰碰？誰又能保證自己事事處處都占理？有些事就像在公車上被人踩了一腳一樣，如果主動地說：「沒關係，沒關係。」這不光會得到踩人者真誠的道歉，也會得到周圍人贊許的目光。相反，如果及時的還他一腳，就會激化矛盾，把事情搞僵弄大，這樣你來我往，誰都不肯甘拜下風，以致大打出手，就划不來了。其實，只要沒有根本的利害衝突，即便自己占理，也要大度一些。再說，與人方便就是與己方便，尊重他人就是尊重自己。

　　人們往往把寬廣的胸懷比作大海，因為大海能廣納百川，也不拒暴雨和巨浪；也有人把忍耐性比做彈簧，彈簧具有能伸能屈的韌性。生活在社會中，人與人難免會產生一些意見或

矛盾。如果事事都能忍讓三分，自然會風平浪靜，大事化小、小事化了。

事實上，越是有理的人，如果表現得越謙讓，越能顯示出他胸襟坦蕩，富有修養，反而更能得到他人的欽佩。有道是：進一寸山窮水盡，退一步海闊天空。有理讓三分，大家和睦相處，社會和諧溫馨，何樂而不為？

莫把對手逼入牆角

孫子有一句名言叫「窮寇勿追」。在雙方交戰時，孫子強調對於陷入絕境的敵人，不要去逼迫他。他認為：陷於絕境的敵人，已無所顧忌，一副視死如歸的架勢。如果不低調處理，適可而止，一定要把對手置之死地而後生，那麼對手就會困獸猶鬥，就可能給自己造成不必要的損失。

宋仁宗時，宰相富弼採用朝士李仲昌的計策，從澶州商湖河開鑿六漯渠，將水引入橫貫隴西的故道。北京留守賈昌朝素來憎惡富弼，私下與內侍武繼隆勾結，命令司天官二人，等到朝臣聚會時，在殿廷提出抗議，說國家不應當在京城的北方開鑿管道，這樣會使皇上龍體欠安。幾天後，兩個司天官聽從武繼隆的主意，向皇上上書，請皇后與皇上一起出來聽政。

史志聰將他們的奏章拿給宰相文彥博，文彥博看後藏在懷中。他不慌不忙召來兩個司天官：「日月星辰、風雲氣色的變異，才是你們可以說的事，因為這是你們的職責。為什麼胡言

亂語干預國家大事？你們所犯的罪有滅族後果。」兩個司天官十分恐懼。文彥博又說：「看你們兩個也是狂妄愚昧之極，今天不忍治你們的罪。」二人走了後，文彥博把他們的奏章拿給同僚們看，富弼等人十分憤怒地說：「奴才們膽敢如此胡作非為，為什麼不斬了他們？」

文彥博說：「如果斬了他們，事情就公開化了，宮中會鬧得不安寧。」過了不久，大臣們決定派遣司天官測定六漯渠的方位，文彥博還是派那兩個人去。這二人怕治他們的前罪，就改稱六漯渠在京城東北，而不在正北。

這就是示之以威，而後網開一面，從而造成威懾的例子。而將此一策略運用得出神人化的，則當屬宋朝趙鼎。

宋高宗時，劉豫在山東張榜，狂妄地要求天下給他這個皇上進奉藥物，太監馮益恰好派人去收買飛鴿，山東境內傳播著許多流言。泗州知州劉綱將情況上奏朝廷，樞密使張浚奏請皇上，要求斬掉馮益以消除流言蜚語。

趙鼎繼而上奏：「馮益的事確實十分曖昧不清，值得懷疑。此事有關國家大體，朝廷如果忽略了不加處罰，外面的人必然認為是皇上派他去的，有損於聖德。不如暫時解除他的職務，派到外地去任職，以清除眾人的疑惑。」高宗欣然應允，將馮益調往浙東。張浚認為趙鼎與自己在唱對臺戲，十分生氣。趙鼎說：「從古以來，凡是想處置壞人，搞急了，他們的朋黨會互相勾結，反而招致大禍；緩一緩，他們之間就會互相排擠，

不攻自破。現在馮益犯了罪，殺掉他，並不足以叫天下人拍手稱快。但是一殺他，眾太監們會害怕皇上殺了一個，就會想殺第二個，必然會竭力爭取減輕馮益的罪責。不如貶謫他，將他放到遠離京師的地方，既無損於皇上的尊嚴，馮益自己看見受的處罰很輕，也不會花費心機去求人，爭取回到原來受寵的地位。他的同黨見他被貶，必然會伺機窺求上進，哪裡肯讓他再進宮呢？如果我們著力排擠他，他的同類必然會因此而畏懼我們，他們會勾結得愈發緊密，我們就無法攻破他們了。」張浚聽了趙鼎的分析，十分嘆服。

所謂「狗急跳牆，兔子逼急了也會咬人。」一旦遭受這種孤注一擲式的抵禦，就算你不會失敗，也將會使元氣受到損傷，從而付出不必要的代價。

對付奸佞小人，道理也是一樣的。如果操之過急，他便有可能狗急跳牆，亂咬一通，這對你自己也不見得有什麼好處。正所謂「投鼠忌器」。

魯迅曾經說過：「沉默呵沉默，不是在沉默中爆發，就是在沉默中滅亡！」生活中確有這一類人。平常默默無聞，與人為善，處處小心，甘願吃虧，如果發起怒來，他可能讓所有認識他的人瞠目結舌。超負荷的逼迫，往往是使人產生反常舉動的導火線。

懂得做正確的事，要比懂得正確地做事重要得多。有道是分寸方圓自在處世之道，以中為度，不即不離，中和為福，

偏激為災。只有掌握了處理事情的分寸，才能方圓自在，遊刃有餘。把握分寸就是陰陽調和，剛柔相濟，講求平衡。失去平衡，過分偏重一方面，忽視另一方面，矛盾就會激化，就會出毛病，就會引起強烈的反作用。每一種力量都像彈簧一樣，壓的力量越大，反彈就越高，反作用力就越大。

當我們自認為把對手所有的機會都斷絕時，卻可能使自己也失去了機會。如果我們把某件事做得太絕，不僅損傷了別人，也會害了自己。事情的變化是複雜的，當我們把對手逼進一個死胡同時，我們也進入了這個死胡同，也許在外面還有一個對手守在胡同口竊竊自喜呢。被你阻在死胡同的對手會「狗急跳牆」，「咬」得你元氣大傷，外面又有大敵，你不死，也會褪幾層皮，這樣做又有何用？

何況事情發展方向是多元的，人的發展也是多元的，你認為把對手逼上了絕路，可能對手「柳暗花明又一村」。當對手逃脫此劫，養好傷，恢復了元氣，對你已存在一股徹骨的仇恨，這時的你又得為這個對手殫精竭慮，這樣又為你在成功的路上多添加了一個障礙。

因此我們應恪守一個原則：無論我們怎樣對付對手，總得給別人留一條退路，也是給自己留一條退路。

適時道歉，挽回敗局

道歉很失面子，這是很多人都有同感的。其實，有這種想

法是錯誤的。一個文明的社會，適時道歉不僅是基於法律的，更是基於道德良知的。道歉是一件困難的事情嗎？沒有人這樣說過。但當你做下一件不利於他人的事情時，你應當將你的高姿態放下，對受到影響的人說聲「對不起」。道歉並非恥辱，而是值得尊敬的事。道歉並非只是簡單地說句「對不起」，在很多情況下，既要掌握時機，還要把握分寸，更重要的是在道歉的時候要體現出發自內心的誠意而不是處於被迫。這樣你就會贏得良好的人際關係。

克林頓一句低姿態的道歉的話：「我是如此深深地感到抱歉」，保住了總統職位。

1998 年 1 月 17 日，美國總統柯林頓在保拉‧瓊絲提出的性騷擾訴訟中向陪審團秘密作證。作證時，他被問及他與曾任白宮實習生的陸文斯基是否有性關係，柯林頓斷然否認。但越來越多的證據證明柯林頓撒了謊。1998 年 8 月，柯林頓被迫承認緋聞，並向人民道歉，向內閣道歉，向妻子和家人道歉。8 月 17 日晚 10 時整，柯林頓在白宮地圖室面色沉重地向全國發表了約 5 分鐘的電視講話，就自己在陸文斯基性醜聞案中誤導美國人民而向全國人民道歉，並對所發生的事情負全部責任。

柯林頓道歉之後，妻子希拉蕊原諒了他。對於斯塔爾的調查報告，美國法律界人士也提出嚴厲批評。女眾議員沃爾特斯指出，斯塔爾的報告中有 548 次使用「性」這個詞。柯林頓為緋聞案作證的四個小時錄影帶在 9 月 21 日公開播出後，反而引

起美國百姓對柯林頓的同情，民眾對柯林頓的支持度上升了 6 個百分點。

但緋聞案的調查並未因此而畫上句號，柯林頓繼續受到眾議院的彈劾和參議院的審查，但他並未因此下臺，而是繼續完成了第二任的總統任期。1999 年 2 月 13 日，柯林頓在白宮玫瑰園再次發表了一項道歉聲明，他說：「對自己引發這些事件的所作所為和因此而給國會和美國人民增加的沉重負擔，我是如此深深地感到抱歉。」

美國人原諒了這個緋聞總統。他道歉了，證明他「反省錯誤」了。他們覺得，寧可要一個有缺陷的人性化的總統，也不要一個沒有人情味的國家領袖。

一句低姿態的道歉可以保住總統職位，道歉，這種人際關係中的一環，也被市場經常性地視為商業策略和危機公關的一種技巧。

可口可樂一句低姿態的道歉的話：「我本來應該早點與你們商量」，挽回了一個商業帝國。

1999 年 6 月上旬，40 多名比利時的小學生在喝下可口可樂後出現噁心、腹瀉等症狀，緊接著，類似的症狀像瘟疫一樣快速傳播到了法國境內。14 日，比利時政府首先宣佈，禁止銷售可口可樂公司生產的所有飲料，此後法國及盧森堡等國也頒佈了同樣禁令。

可口可樂在這場風暴中反應遲鈍，從美國飛往歐洲只需要

10 多個小時，而可口可樂公司總裁艾華士從美國趕往布魯塞爾卻花了整整 5 天時間。22 日，艾華士在比利時各大報紙刊登《向比利時消費者的道歉信》，誠惶誠恐地說「我本來應該早點與你們商量」，並表示要「不惜一切代價」重新獲得消費者的信任。歉雖然道晚了，但依然有效。公開道歉之後的第二天，即 6 月 24 日，比利時政府決定取消對可口可樂的禁銷令，這場危機被逐步化解了。

在很多情況下，恰當的道歉方式既不會使自己覺得尷尬，又能令對方覺得容易接受。道歉並不是解決所有問題的萬靈丹，儘量不犯錯永遠是做人做事的準則，如果一旦犯了錯，就要坦然面對並解決它。自己的行為如果不當，甚至對他人造成了某種傷害，適時誠懇地道歉不失為挽回敗局最佳地解決之道。

有捨才有得，能退才能進

常言道：「捨與得就如有與無、水與火，天與地，陰與陽一樣是對立、統一的，是相生相剋，相輔相成的。進與退是既對立又統一的，它也是矛盾的，是兩個不同物質之間的作用。」

捨，是種精神，更是一種境界。因為有了可以捨予別人之心，才能夠捨，所以捨是一種博愛。因為捨予了才會得到，這是萬物迴圈的自然規律，捨得，捨得，有捨才有得。而「退」是為了更好地「進」，有些問題一時找不到解決辦法，退一退，換個思路，說不定會柳暗花明。

因此，要懂得退與進，捨與得，才能有益於自己和不傷害別人。在退與進之間前進，在捨與得中間平衡，既能做事，也能養身。不然，就會在捨與得之間迷失，在退與進之間兩難。

在現實生活中，有這麼一些人，只算自己的利益，只看到眼前的利益，為了比隔壁鄰居每月少那麼一點薪資就憤憤不平；因為主管沒有注意到自己「傑出」的表現，就認為公司不公，老闆是昏君庸才；整天打著自己的小算盤，不講奉獻，一味索取。或者才剛剛為企業做了一點事情，有了一點成績，便以此為籌碼向公司討價還價、斤斤計較。整天算計著我今天付出了多少，明天便要拿回多少。更有甚者，總想著少付出一點，多拿回一些。得點小利便興高采烈，一旦不能如意，便牢騷滿腹，消極怠工。他們缺乏從自己和企業的長遠目標著眼，患了近視病，若不糾正，則成不了大器，也得不到大利。

海洋動物裡的海參，它的自衛方法非常獨特，當它被人捉住時，會把體內又粘又濕的管線及雜七雜八的東西從體內噴出來，纏到人的手指上，當你還來不及脫手時，海參就趁機溜走了。碰到螃蟹前來招惹或大敵壓境時，它同樣「棄甲曳兵」而逃，排出黏稠成團的內臟器官，讓人「慘不忍睹」，而它卻能「無髒一身輕」地從容脫險離去。只要經過幾個星期，海參就可以重新長出一套新的「引擎」來。

海參捨了它的內臟器官，換回了新的「引擎」，以一身輕退去，卻撿回了一條命。

四、味要減三分，路要讓一步

　　傑西大學畢業後，他所學的專業正處在低迷時期。直到第二年才聯繫到一家對口的公司。這是一家據說在國內相關行業內頗有名氣的大公司，它招聘職位的職責和傑西畢業設計的內容比較吻合。於是，抱著試試看的心理，他投了簡歷。不久，公司通知傑西去面試，並問了一些技術性的問題，這些都是他所熟知的內容，回答很讓公司滿意，當即拍板要了傑西。

　　上班以後，傑西發現工作一點都不吃力，而且公司還把他當作技術骨幹來使用。但儘管傑西很受公司重用，但他在公司的感覺並不是很好，每天工作的內容機械地重複著。於是，沒過多久，傑西就辭職了。

　　在開始尋找第二份工作的時候，傑西認真規劃了一下自己的職業道路，覺得繼續從事原先那一行的話，是很難有發展前途的。他決定轉行。於是，傑西去找一家著名 IT 公司的人事經理，可是人家認為他沒有相關工作經驗，拒絕了他。

　　這時，傑西意識到，相關工作經驗是進入這家公司的通行證。可是，怎樣才能彌補自己在這方面的不足呢？他認為從相關行業的小公司做起未嘗不是一個亡羊補牢的辦法———既有靈活的運行機制，又可以積累工作經驗。

　　後來，傑西在網上查到一家規模很小的 IT 公司，並去應聘。小公司老闆很小氣，給的薪水很低，且不提供食宿。但他還是選擇了這家公司，因為在這裡有積累工作經驗的機會。工作了一段時間以後，傑西又去了先前拒絕他的那家著名的 IT

公司應聘，結果很順利就通過了公司的筆試、面試、複試。由於他有業內工作經歷，再加上考試順風順水，終於邁進了這家公司。

事後傑西談了他的體會，在求職過程中，與其在職位有限、競爭激烈的高端求職市場上奮力廝殺，倒不如捨大而求其小得，退而求其次，先找一些運行機制靈活、具有發展潛力的小公司安頓下來，增加業內經驗值和能力附加值，以圖長遠發展。

先捨後得，以退為進是一種大智慧，在這方面如果運用得好，就會受益匪淺。

任何人或事物都不會盡善盡美，不要長久地仇恨任何人與事，「捨」 與「得」，「退」與「進」對於人而言，是一種更廣闊的生命空間，當你學會了「捨」 與「得」，「退」與「進」，你便能真正領悟生命的內涵，便能站在比別人更高的位置，看問題和處理事情就會比別人更加透徹，更加有效；當你學會了「捨」與「得」 「退」與「進」，便因知道人生殘缺的本質而豁達，它會令你體諒人性的弱點，走出生命固有的盲區。

雖然整個社會都建立在競爭的基礎上，可良好的關係卻是建立在「捨」 與「得」，「退」與「進」的基礎之上的。捨不代表丟失，退不代表放棄，而是為了更好地堅持。學會捨與得，就會放下世間榮辱。善於退與進，就能處理好紛繁複雜的關係。

只要我們端正立場，正確處理「捨」 與「得」 「退」與

「進」的關係，就一定能實現自身的價值。一旦我們真正把握了「捨」與「得」，「退」與「進」的尺度，就等於拿到了人生成功的金鑰匙。

進一步也要讓三分

菜根譚中說：「人情反復，世路崎嶇。行不去處，須知退一步之法；行得去處，務得讓三分之功。」這句話的意思就是說：人情冷暖是變化無常的，人生道路是崎嶇不平的。因此當你遇到走不通的路時，必須明白退一步的做人方法；當你事業一帆風順時，一定要有把好處讓三分給他人的胸襟和美德。

人生一世，不要沿著某一固定的方向發展到極端，而應在發展過程中充分認識其各種可能性，以便有足夠的條件和迴旋餘地採取機動的應付措施。留餘地，就是不把事情做絕，不把事情做到極點，於情不偏激，於理不過頭。這樣，才會使自己得以完美無損的保全。

據說李世民當了皇帝後，長孫氏被冊封為皇后。當了皇后，地位變了，她的考慮更多了。她深知作為「國母」，其行為舉止對皇上的影響相當大。因此，她處處注意約束自己，處處做嬪妃們的典範，從不把事情做過頭。她不尚奢侈，吃穿用度，除了宮中按例發放的，不再有什麼要求。她的兒子承乾被立為太子，有好幾次，太子的乳母向她反映，東宮供應的東西太少，不夠用，希望能增加一些。她從不把資財任情揮霍，從

不搞特殊化，對東宮的要求堅決沒有答應。她說：「作太子最發愁的是德不立，名不揚，哪能光想著宮中缺什麼東西呢？」

她不干預朝中政事，尤其害怕她的親戚以她的名義拉幫結派，威脅李唐王朝的安全。李世民很敬重她，朝中賞罰大臣的事常跟她商量。但她從不表態，從不把自己看得特別重要。皇上要委她哥哥以重任，她堅決不同意。李世民不聽，讓長孫皇后的哥哥長孫無忌做了吏部尚書，長孫皇后派人做哥哥工作，讓他上書辭職。李世民不得已，便答應授長孫無忌為開府儀同三司，皇后這才放了心。此後的朝政官任中，長孫無忌也經常受到皇后的教導，成為一代忠良。

長孫皇后得意時不把各種好處占全，不把所有功名占滿，實在是很好地堅持了為自己留餘地的規則。這樣，不但不會使自己招至損害，而且還使自己在未來的人生旅途中進退有據，上下自如。

其實，待人和律己的態度，可以充分反映一個人的修養，也是決定能否與人和善相處的一個重要的因素。人能生時定要求生，有百條生存之路可行，爭鬥中給他人斷去99條，且留一條與之行，他也不會提著自家腦袋來拼命。倘若連他最後一條路也斷了去，那麼他一定會揭竿而起，拼命反抗。仔細想一想，讓三分反而是尋求安寧的有效方式。

讓三分還包含著另一層意思，就是同朋友一起分享利益。

有一個工程師，因一項專利發明而獲利50萬元，他除了請

主管、同事吃飯外，還給妻子、兒子買了許多禮物，並在不長的時間裡，陸續拜訪了許多的朋友。他對朋友們說，感謝他們多年來的幫助和支持，才有了今天。

俗話說：「利不可賺盡，福不可享盡，勢不可用盡。」當你的事業一帆風順時，一定要有謙讓三分的胸襟，必要時，應犧牲一些自己的利益。假如工程師得益獨享，一毛不拔，本身他的好運已讓朋友心有所想，甚至不平衡，如此一來，更會引起朋友的疏遠和嫉妒。人情冷暖，世態炎涼，用心細想一下便會明白，鋒芒不可太露，棒打出頭鳥。

21世紀是一個充滿風險、充滿挑戰的社會，我們的生活、職業、娛樂、思維方式都發生著很大的變化，時時都會出現如何要求別人以及怎麼對待自己的問題。自私的人恨不得全部吃盡天下的蛋糕，不讓別人占一點利益，因此本性狹隘的人，難以成大事。每個人都是一樣的，平等的，你自己都不喜歡的事情，別人也肯定不會喜歡，如果你非要強加到別人身上，對於對方來說也是無法接受和容忍的。

強者最強的本領是能容不容之人，不讓他們在關鍵時刻壞自己的事。除了原則問題必須堅持，對於小事，對於個人利益，謙讓一下會帶來身心的愉快，以及和諧的人際關係。有時，這種「退」即是「進」，「與」就是「得」。

進一步再讓三分，給別人留餘地，實質上也是給自己留餘地。斷盡別人的路徑，自己路徑亦危；敲碎別人的飯碗，自己

飯碗也脆。不讓別人為難，不於自己為難，讓別人活得輕鬆，讓自己活得闊綽，這就是讓三分，留餘地的妙處，也是為人處世的良方。

　　只有一視同仁，才能做到無論是在家中還是社會上，都能與人很好地相處，不會招致怨言。　所謂處世方圓自在，待人寬嚴得宜。德在人先，利在人後，必受人尊。嚴於律己，寬以待人，必受人敬。能常保這種謙讓與為人設想的態度待人接物，才是最安詳快樂的處世之道。

四、味要減三分，路要讓一步

五、海納百川，有容乃大

　　海不讓溪流故能成其大，泰山不讓土壤故能成其高。做人也要要豁達大度、胸懷寬闊，正所謂「宰相肚裡能行船，將軍額頭跑得馬」，只有容人，才能容己。故以寬容之心，對人對事，善待他人，善待自己，是君子之風度。容與忍是統一的，這不是懦弱，也不是個人做事原則的背叛，而是以退為進，在容忍中尋找事情解決的最佳方案。

見辱能忍為大智

佛經有云：「小兒以啼哭為力，女人以嬌媚為力，比丘以忍辱為力，國王以威勢為力，羅漢以少欲為力，菩薩以慈悲為力。」能忍辱就能堅強地承擔一切。忍辱是世間最大的力量，就算活到一百歲，碰見的人都是掉牙的，沒有掉舌頭的，就因為舌頭柔軟。

寒山是唐代著名的和尚詩人。他的詩大多富有禪理，令人回味無窮。其中，有一首是這樣的：「有人辱罵我，分明了了知。雖然不應對，卻是得便宜。」這首詩所表達的內容，充滿了為人處世的機智。平白無故地被人辱罵，當然很不樂意。但應該知道，這種張口就罵的人，一般都沒有修養，沒有風度，有什麼必要與他們一般見識，爭論不休呢？忍辱求和、受辱不怨，既是一種處世方法，也是一種高尚情操。

在中國五千年傳統文化中，有兩種截然不同的價值取向：一是寧為玉碎，不為瓦全；一是忍辱負重，力圖東山再起。大多人過分看重第一種態度而忽略了第二種態度，這就造成對價值取向方面可怕的、不應有的偏差。

唐朝名臣郭子儀對待忍辱有獨到之法，簡簡單單兩個字「忍」和「慎」，就做了四朝紅人。

魚朝恩是皇帝身邊的宦官，此人雖無才能，卻會溜鬚拍馬，所以皇帝很是寵倖他。他對郭子儀的才幹、權勢十分妒忌，曾多次在皇帝面前說郭子儀的壞話來誹謗攻擊他，都沒有

成功，魚朝恩一怒之下，竟暗中指使人盜掘郭子儀家的祖墳。

郭子儀知道這是魚朝恩幹的，當時他身任天下兵馬大元帥，手握兵權，舉手投足皆關係大唐帝國的興亡，連皇帝都敬著他三分，要除掉一個魚朝恩，真可謂不費吹灰之力。當他從前線返回朝廷時，滿朝公卿都以為他必將有所行動，豈料郭子儀卻對皇帝說：「臣多年帶兵，並不能完全禁止部下的殘暴行為，士兵毀壞別人墓墳的事也有很多。我家祖墳被掘，這是臣不忠不孝、獲罪於上天的結果，並不是他人故意破壞。」

祖墳被挖，歷來被視為奇恥大辱，而郭子儀卻能隱忍下來，足見他的氣度之大。也正因為他見辱能忍，他才能在那個奸佞橫行、國君昏弱的時代，逢凶化吉，渡過了一次又一次的政治險灘，享盡富貴，以八十五歲的高齡安然辭世。真可謂能忍是福，小忍有小福，大忍有大福。

容忍也是人在正常社會交際活動中，表現出來的容人、容事的胸懷肚量，這是心理健康的一種表現，是理智、是大度。

英國有個老教師叫莫根，鄰居來找他下圍棋，正巧有朋友在，鄰居便在書櫃前看了一會書就告辭走了。可是莫根在朋友走後卻發現幾天前放在書櫃裡的 1000 美元不見了。他回想走到書櫃的人，除鄰居外再沒人光顧過，於是就認為鄰居偷了錢。他很憤怒，第二天就到鄰居家要錢，鄰居並沒有想像中的破口大罵，反而輕輕說了一句：「對不起，竟然出了這樣的事情。」於是，他拿出了 1000 美元交給他帶回去。

五、海納百川，有容乃大

　　不久，外出辦事的兒子回來了，他把事情講給兒子聽，兒子聽了大吃一驚，原來那錢是他拿走的，因為當時緊急，所以沒對父親說。莫根一聽，十分慚愧，趕快到鄰居歸還了錢，並且連聲向鄰居道歉。這個鄰居以忍耐代替爭鬥，得到了莫根永遠的尊重。由此看來，忍苦、忍辱、忍受委曲，一切都忍，忍到最後，就會成為美化世間的力量。

　　在目前的市場經濟條件下，多數年輕人還沒有意識到現在的生存競爭是歷史以來和平年代中最殘酷的階段。所以，許多人時時感到人生不如意，甚至選擇極端。

　　當我們看美國大片《絕命追殺令》中的忍盡人間恥辱，要為自己討個說法的漢子，看吉拉德的硬漢形象，日本電影《追捕》中的硬漢高倉健形象時，我們的心裡是酸楚的。有許多連一點忍辱負重的硬漢意識都沒有，稍不如意，就心灰意冷，要死要活，好像天就要垮下來一樣。還有一些小心眼的人，為一句話、一件小事就去鬥狠的人，雖然為數字不是很多，但向社會發出了一個強烈的信號：許多人越來越不適合在逆境中生存了。

　　想一想，如果孫武不能忍辱，怎能有《孫子兵法》留傳於世；如果不能忍辱，韓信如何能成為一人之下萬人之上的將軍。無論是生活中，還是工作中，不能忍辱的人，是不可能擔當起大任的。

　　這個社會需要容忍，人與人交往需要容忍。人活在世上，生與死、利與害、禍與福、喜與怒，小至一身，大至天下國

家，都離不開容忍。誰都想受人尊敬。但這個世界就是這麼複雜，有人尊重你，就會有人因為各種各樣的原因看你不順眼。因為你的優秀掩蓋另外一些人的才華，所以難免會給你捏造一些莫須有的罪名。如果你疲於應付這些，你還有精力和時間去做其他的正事嗎？那不是正好一步步喪失了自己的競爭優勢？如果為了一點小事而懷恨在心，矛盾就會逐漸擴大，以至於冤冤相報，不可收拾。唯有容忍，以一種客觀、冷靜的目光來對待他人的過失、錯誤，就不會向他人翻臉，就會免去許多不必要的糾紛，「親賢臣，遠小人」，把精力放在更有價值的事情上，不與小人周旋，才不失為明智之舉。

所謂心量不寬，難容於眾；遇事不忍，必生大患。古人說：小不忍，則亂大謀。嚼得菜根，百事可做。可見，低調做人，見辱能忍是大智慧。

能忍辱者，必立天下

春秋時期，吳國和越國為了爭奪土地、人口和財物，展開了生死搏鬥。吳王夫差的父親闔閭，在和越王勾踐的爭戰中受重傷而死。夫差守孝期滿，親率大軍，兵臨越國。越王勾踐率軍迎戰，但是由於兵力懸殊，越軍慘敗，只剩下五千人退到會稽。在越國將要滅亡的時候，范蠡進言：「戰爭打到這個地步，唯一的辦法就是送上豐厚禮物，謙恭哀求，討得吳王的哀憐和同情，越國或許可以倖存。如果他不允許的話，君主只好

五、海納百川，有容乃大

委屈自己，去做吳王的奴僕，尋找時機，以圖東山再起。」勾踐聽了范蠡的規勸，於是言卑情切地向吳王請求活命，並且答應獻出越國，越王和王妃供吳王驅使。夫差答應了越國講和投降的條件。

西元前 492 年，勾踐懷著極其傷感和屈辱的心情，帶著自己的王妃，在范蠡的陪同下來到吳國作奴僕。勾踐入見吳王時，跪拜叩首，感恩戴德的表情，從臉上清晰地表現出來，連吳王夫差也覺得於心不忍，便決定不給勾踐太重的雜役幹，只叫他去宮中養馬。

越王君臣在馬圈裡結屋居住，他和妻子、范蠡在宮中小心翼翼，既不敢發怒，也不敢多說話，只是用眼睛交流彼此之間的心意。夫差派人偵察他們的行動，只見他們穿的是破衣爛裙，吃的是粗糠野菜。勾踐餵馬，范蠡打草，王妃做飯洗衣，個個安分守己，一副心甘情願，長相廝守，甘願終生養馬的樣子。吳王夫差得到報告後，認為他們意志消磨殆盡，再無王者尊嚴可言，於是對他們放鬆了警戒。

夫差每次乘車出行，勾踐都親自給他備好馬車，每到一地都當站馬樁。吳國的老百姓都認為此人太沒有志氣，於是朝著他吐唾沫，弄的勾踐滿身都是唾液，而勾踐毫不理會，只是靜靜地站著，唯恐自己一動，驚了王駕的馬，自己吃罪不起的樣子。連吳王看在眼裡，心中都覺得十分不應該，於是命令人們禁止侮辱勾踐。

最令吳王夫差心生憐憫的是：有一次，吳王生病，勾踐叩見吳王，顯出對吳王十分關心的樣子，跪拜詢問病情。恰在此時，吳王要到廁所去，勾踐便請求飲溲嘗便，判斷一下病情。等嘗過之後，高興地對吳王說：「大王的病很快就會好了。」

就這樣，冬去夏來，越王勾踐整整服了三年苦役。與此同時，范蠡用重金收買了伯嚭，並向吳王獻上美女西施，吳王夫差終於赦免了勾踐，放他回國。越王回國之後，一面仍給吳國納貢，一面臥薪嚐膽。他鼓勵生產，養護軍備，自己親自下地種田。越國的人口於是猛增，生產迅速發展，軍事力量逐漸強大起來了，在二十二年之後滅了吳國。吳王羞愧難言，自殺而亡，越王終於報了血海深仇。

忍辱負重的事例古今屢見不鮮，但忍辱到一個國王主動去嘗別人的糞便，古今中外可能只有勾踐一人。不難想像，越王受的恥辱是非常人所能忍受的，普通人做不到的事，一個國王卻不得不去做，為什麼？為了復國雪恥！復國的志向一直激勵著他，使他忍受了常人無法忍受的屈辱。

在大乘佛教中，忍辱被比做人身上的衣服和應對敵人的甲鎧。在人的諸多優良品質中，「忍耐」應列於「勇氣」之前。因為考察一個人的品質修養程度，大多都要看他的自我克制和自我約束能力如何。

美國有位總統馬琴力，因為一個用人問題，遭到一些人的強烈反對。在一次國會會議上，有位議員當面粗野地譏罵他。

他雖然非常生氣，但極力忍耐，沒有發作。等對方罵完了，他才用溫和的口吻道：「你現在怒氣應該平和了吧，照理你是沒有權利這樣責問我的，但現在我仍然願意詳細解釋給你聽。」他的這種低調的讓人姿態使那位議員羞紅了臉，矛盾立即緩和下來。作為一名總統，地位居高卻不以高權勢、高姿態壓人，而能以理服人，不能不讓人心服。試想，如果馬辛利得理不讓人，利用自己的職位和得理的優勢咄咄逼人進行反擊的話，那對方是決不會服氣的。

由此可見，當雙方處於對抗狀態時，得理都能忍讓的態度有「釜底抽薪」之效，能使對方情緒「降溫」。這就是大丈夫的能屈能伸。能屈能伸，方能立於天下而不敗！

王安石說：「莫大的禍，起於須臾之不忍。」所以民間歷來就有「和為貴，忍最高」的俗語。人是感情動物，內心活動如潮起潮落，瞬息即變，如若自己善加克制，就能轉禍為福，否則往往會因一把怒火而危及自身。

在日常生活中，被誤解、辱罵、譭謗等事時常會發生，面對突如其來的打擊，總是有人難以忍受，於是便會反駁。輕者口角相爭、互吐惡言；重者拳腳相擊、兵器來去。結果是因小失大，頭破血流，弄得雙方老少不安、雞犬不寧，反目為仇，為己為彼帶來了不必要的麻煩，這是何苦呢？倘能忍他一時，讓他一句，這樣一來，你不生氣，他不惱怒，與己與彼，皆無傷害，不是皆大歡喜嗎？在《看破世間》裡有一首忍辱歌唱得

好：「忍耐好，忍耐好，忍耐二字無價寶。一朝之仇不能忍，鬥勝爭強禍不少。身家由此破，性命總難保。逞財勢，結怨仇，到了後來不得了。讓人一步又何妨？量大胸大無煩惱。」其實，低頭忍辱看起來是吃虧，而實際上卻是受益。

胸懷大志的人，其成功在於自身的才德皆備。海納百川，沒有海洋般的胸懷，怎能擁有天下！如能忍廉頗之辱，就能得全賢義之名。呂布不捨侯成之怨，後有喪國亡身之危。心能忍辱，身必能安；若不忍耐，必有辱身之患。

忍一時風平浪靜，退一步海闊天空

唐代著名的和尚詩人寒山問拾得：世間有人謗我、欺我、辱我、笑我、輕我、賤我、騙我，如何處之乎？拾得答道：只有忍他、讓他、避他、由他、耐他、敬他、不要理他、再過幾年，你且看他。

拾得的回答充滿了為人處世的機智。忍絕不是消極退縮，忍正是涵養性情，磨煉志氣，堅定決心的不二法門。發怒是最容易的事，而忍氣吞聲也並不難。動輒發火的人是逃避現實的懦夫，忍者才能冷靜地面對現實，莽撞使人失敗誤事，忍耐才是無法攻破的城堡。

在人生跑道上的長跑者，首先必須要有平和的心境，從而步伐才能均勻，持續有力，不然必會導致中途力竭，前功盡棄。平和不是緩慢，而是均勻，不是鬆懈，而是穩健，不是無

為而是真正的有所作為的大前提。

　　《寓圃雜記》裡面記述了楊翥的兩件事：楊翥的鄰居丟了一隻雞，便罵是姓楊的偷去了。家人告訴楊翥，楊翥說：又不是我一家姓楊，隨他罵去！又一鄰居，每逢雨天，便將自家院子裡的積水排放到楊翥院中。家人告知楊翥，他卻勸解家人：總是晴天的日子多，落雨的日子少。久而久之，鄰居們被楊翥的忍讓所感動。有一年，一夥賊人密謀搶劫楊家，鄰居們主動幫楊家守夜，使楊家免去了這場災禍。

　　臺灣的許多商人知道于右任是著名的書法家，紛紛在自己的公司、店鋪、飯店門口掛起了署名于右任題寫的招牌，以招徠生意，其中確為于右任所題的極少。一天，于右任一個學生匆匆地來見老師：「老師，我今天中午去一家平時常去的羊肉泡饃館吃飯，想不到他們居然也掛起了以您的名義題寫的招牌！而且字寫得歪歪斜斜，難看死了。」正在練習書法的于右任，放下毛筆然後緩緩地說：「這可不行！」

　　于右任沉默了一會兒。順手從書案旁拿過一張宣紙，拎起毛筆，龍飛鳳舞地寫了：「羊肉泡饃館」幾個大字，落款處則是「于右任題」幾個小字，並蓋了一方私章。

　　于右任緩緩地說「這冒名頂替固然可恨，但畢竟說明他還是瞧得上我于某人的字，只是不知真假的人看見那假招牌還以為我于大鬍子寫的字真的那樣差，狗屎不如，那我不是就虧了嗎？我不能砸了自己的招牌，壞了自己的名！所以，幫忙幫到

底，還是麻煩老弟跑一趟，把那塊假的給換下來。」轉怒為喜的學生拿著于右任的題字匆匆去了。

與人相處，不時會遇到他人犯有小錯，這也許會冒犯你的利益。如果不是大的原則問題，不妨一笑了之，顯出一些大家風範。大度詼諧有時比橫眉冷對更有助於問題的解決。對他人的小過不與追究，實際上也是一種忍讓的態度，有的時候，這種忍讓會使人沒齒難忘。

海明威曾說：「我可以被毀滅，但不可以被打敗。」的確，這種傲視萬物，不屈不撓的精神很值得我們學習。然而，在生命的航程裡，沉沉浮浮在所難免，開心或不開心的事情很多，不管我們願不願意，總有人是我們喜歡的，也總有人是我們不喜歡的，心情有好的時候也有壞的時候。面對這洶湧的波濤，我們不一定是最好的舵手。那麼，我們不妨給自己一次低頭喘息的機會──適時服輸。

人與人之間難免有磕磕碰碰，總免不了有許多的不如意，如果一味地鑽牛角尖，或許受傷害最深的不是別人，而是你自己。這時候我們不妨對自己說：「退一步，也許是另外一種風景。」我們是社會上的一員，而不是一個獨立的個體，相信在擁有一份寬容之心的同時，也會擁有更多的生活快樂。如果我們一味地不肯相讓或是一方過於執拗，使本可以化解的心結愈結愈深，使原本不是什麼大事的問題越談越僵。如此往復，何時才能終結？倒不如，各自退一步皆大歡喜。

五、海納百川，有容乃大

有的人鄙視服輸者，他們的信念永是那麼堅定，靈魂總是那麼孤傲自負，似乎手裡捧著的只有所向披靡。多多少少，我們也會被這種執拗的倔強而感動。但是，勝敗乃兵家常事，他們何以如此拒絕服輸。正如對弈，技不如人既成事實，卻不肯認輸，這難道不與阿Q的精神勝利法很像嗎？況且杜牧說：「江東子弟多才俊，捲土重來未可知。」你這次失敗了，下次捲土重來不就可以了嗎？

人生不是電影，不會定格在某一個畫面。日子在往前走，生活也在繼續。你依舊在顛簸的旅途奮力前行，偶爾絆住了，也不是長臥不起，而還會爬起來，不是嗎？那麼，這就不是輸，只不過時暫時沒有贏！

一個溺水的游泳健將，不是敗在洶湧的江水前，而是因為不肯低頭暫時服輸而迷惑了心靈。我們不禁要問：有幸來世上已屬不易，何必對磕磕絆絆耿耿於懷，為逞一時之勇，甚至於連年輕的生命也要輕易搭上？畢竟，不是每一件事都需要我們用生命去堅持。

不要鄙視服輸者，在關鍵之時，收回邁向懸崖的腳，適時服輸，給生命一條出路，也給以後的從新邁進一次機會。畢竟，路還很長，大丈夫能屈能伸，何必逞匹夫之勇？況且，適時不是永遠，服輸不是放棄。在適當的時刻，能聰明地低頭，方能積蓄力量、厚積薄發！

有一首禪詩說得好：手把青苗插滿田，低頭便見水中天。

六根清淨方為道，退步原來是向前。「忍一時風平浪靜，退一步海闊天空」，笑看花開花落、雲捲雲舒，也不失為一種超然的智慧與灑脫。

小節隱忍才能大事精明

　　一個人要想有所作為，要想與朋友友好相處，就必須頭腦冷靜。無論做什麼事情，小節上不忍，在做大事的時候就會有判斷上的失誤。

　　三國時期，蜀國名將關羽敗走麥城，被東吳擒殺。張飛聞訊，悲痛欲絕，嚴令三軍趕製孝衣，為關羽戴孝，逼得手下將官無奈，最後鋌而走險，把他殺了。劉備為報東吳殺害關羽之仇，舉兵伐吳。諸葛亮、趙雲等人苦苦相諫，都無濟於事。這時的劉備已完全失去了理智，結果被吳將陸遜一把火燒得潰不成軍，數萬軍士喪生，劉備本人帶著殘兵敗將退歸白帝城，羞愧交加，一命嗚呼。蜀軍從此一蹶不振了。

　　由此可見，是否理智地處理事情，有時就成為事情成敗的關鍵。小節上不能低頭忍過，大事上就會糊塗，不但自己兵敗身亡，可憐那數萬軍士也因此丟了性命。

　　古人有「萬事以忍為上」的古訓。但不是什麼事都忍，而應該分析局勢，做出失小得大的決策。隱忍小節大事上才能精明，這才是明智之舉。

　　明代馮夢龍在《智囊》一書中講了這樣一個故事。說長洲

五、海納百川，有容乃大

尤翁是開典當鋪的，年底某天，忽聽門外一片喧鬧聲。出門一看，是位鄰居。站櫃臺的夥計上前對尤翁說：「他將衣服壓了錢，今天空手來取，不給他就破口大罵，有這樣不講理的人嗎？」那人仍氣勢洶洶，不肯相讓。尤翁從容地對他說：「我明白你的意思，不過是為了度年關，這種小事，值得一爭嗎？」於是讓店員找出典物，共有衣服蚊帳四五件。尤翁指著棉襖說：「這件衣服抗寒不能少。」又指著長袍說：「這件給你拜年用，其他東西現在不急用，可以留在這兒。」那人拿到兩件衣服，無話可說，立刻離開了。當天夜裡，他竟死在別人家裡。他的親屬同那家人打了一年多的官司。原來此人因負債過多，已經服毒，知道尤家富貴，想敲筆錢，結果一無所獲，就轉移到另外一家。有人問尤翁，為什麼能預先知情而容忍他。尤翁回答：「凡無理來挑釁的人，一定有原因。如果在小事上不忍耐，那麼災禍就會立刻到來了。」人們聽了這話，很佩服他的見識。

在現實生活中，因小事釀成大禍的也時有發生。無論在發生什麼事情時，一定要穩重，不要逞一時之快，而壞了大計。尤翁如果允許僕人去打鬥，也許因為小事而釀成大禍，實在是沒有必要。

《紅樓夢》中的林黛玉，從小父母雙亡，既無兄長又無姐妹，可憐她孤苦伶仃，不得不寄居賈府。偏偏賈府中有一個「多情的公子」賈寶玉。一個俊男、一個靚妹，自然免不了一見鍾情。但有情人未成眷屬，這其中的林黛玉自己恐怕要負一多

半的責任。

薛寶釵是林黛玉的情敵。林、薛之爭，勝負原無定論。林黛玉家道中落，雖然是柔腸百結，卻無人為她主持大事，這算是一個劣勢，但賈寶玉鍾情於她，這算是一個優勢。薛寶釵家資豐厚，深得薛母疼愛，為人又乖巧幹練，這算是一個優勢，而賈寶玉雖然有時也對她動些心思，但畢竟不想娶她為妻，這又算是一個劣勢。可見林、薛之間相比較，各有短長，勝負未定。可惜的是，林黛玉不知道發揮自己的優勢，卻為一些小小的挫折而惱。她忍不了「金玉良緣」之說，忍不了賈寶玉「見一個愛一個」，還忍不了看別人家父母兄弟團圓。自始至終跟自己過不去，終日裡愁眉不展，悲悲戚戚、哀哀啼啼，最後竟淚幹心死，玉殞香消。她這一死，倒讓他人落得個紅綃帳裡鴛鴦共枕。

西漢的賈誼，18 歲的時候就能誦詩寫文，遠近聞名。22 歲便得到漢文帝的賞識，成為當時最年輕的博士官。但是好景不長，由於他恃才自傲，傷了朋友的自尊心，再加上別人嫉賢妒能惡語中傷，致使文帝很快就對他失去了興趣。因此被免官削職擠出了朝廷。受到排擠和打擊，賈誼便憂傷萬分，精神不振，一病不起。他怨天尤人，「自傷哭泣，以至於夭絕。」可惜一代才子，就這樣斷送了自己遠大的前程。

蘇東坡專為此事寫了一篇題為《賈誼論》的文章，他在文中寫道：「夫謀之不見用，則安知終不復用也，不知默默以待

其變，而自殘至此，嗚呼！賈生志大而量小，才有餘而識不足也。」這真可謂是一語破的——不能忍受暫時的挫折，哪有來日施展才華的機會？

有志向、有理想的人，不應在小節上糾纏不清，而應有開闊的胸襟和遠大的抱負。只有如此，才能成就大事，從而實現自己的夢想。在生活當中，往往有很多表面上看起來是吃虧的事情，比如工作的調動，環境的變遷，上司的冷遇等等。面對這些事情，我們應該做到能夠低調處理，泰然處之，心胸開闊，目光放遠一些。看這些事情對自己的長遠發展是否有利，而不去做匹夫之勇。

對於剛步入社會中的年輕人來說，更需要修煉內功，做到「喜怒不形於色，是非不辨於言」，才能使自己在受到別人輕視、作弄、欺騙甚至侮辱時，能夠包容含蓄，不發一言，不表慍怒，使他人無從捉摸其內心深處。這個中的趣味是奧妙無窮的，同時也藏著很大的機謀與作用。所謂「靜以制動，觀人入微」，有此定力，則他人便不敢加以侮弄欺騙了。反擊也要等機會，不可盲目，機會不成熟而妄動，自己只會更加被動。總而言之，恰當的理智，適宜的克制，隱忍小節，是做事時智慧的表現。

忍常人所不能忍，成常人所不能成

拿破崙說過：「強者不是沒有痛苦，而是忍受了比常人更大

的痛苦才成為強者」。人的一生，身受挫折、坎坷、身處逆境是在所避免的，只是受挫折的形式、內容有所不同罷了。

大凡成功者無一例外都曾經多次渡過嚴重的危機，受過常人難以忍受的逆境。孔子帶著弟子，四處奔走，仕途無緣，在窮困潦倒中著書立說，才成為儒家一代宗師，被封建社會推崇的聖賢。屈原受貶，在憂國憂民的逆境中，寫下了流芳千苦的「無韻之離騷」；司馬遷堅守「人固有一死，或重於泰山，或輕於鴻毛」的生死觀，終成就了「史家之絕唱」的《史記》；曹雪芹家門破落，生活清貧，在茅舍裡奮筆十年，完成了文壇巨著《紅樓夢》。

南非國大黨主席、開國總統曼特拉受過政治迫害，坐過牢房，被囚禁達 27 年之久。愛迪生被學校除名，在火車上賣報被打聾了耳朵，在這樣的逆境中，成為了大發明家。奧斯特洛夫斯基在雙目失明，在常人難以想像的困境中，完成了催幾代人奮進的《鋼鐵是怎樣煉成的》。只有上過四年小學的流浪兒狄更斯，在逆境中奮起，成為一代文化巨匠。科學界的天王巨星、繼愛因斯坦以來最偉大的天才、著名理論物理學家史蒂芬‧霍金，讓思想在宇宙深處飛揚，以高度病殘之軀完成《時間簡史》，由於他對「黑洞」問題石破天驚的解釋而被媒體譽為「果殼裡的空間之王」。

不難看出，由自古及今，無論中國還是外國，凡成就大事業者，哪一個不是立常人所難立之志，忍常人之所不能忍之

苦，付出比常人千萬倍的艱辛，才做出了萬人景仰的業績，留下了彪炳史冊的美名？

戰國時期，齊桓公回到齊國登上王位後，決定任用鮑叔牙為相，並下令捉住差一點射死他的管仲，準備開刀問斬。這時，鮑叔牙卻推薦管仲為相，自己情願當副手。齊桓公很想不通。但鮑叔牙說：「那時我與管仲都是各為其主，管仲射您的時候，他心中只有公子糾。管仲強我千倍，如果您想富國強兵，成就霸業，非用管仲為相不可。您要是重用他，他將為您射得天下，哪裡只射得衣帶鉤呢？」

於是，齊桓公拜管仲為相。管仲對內實行經濟、政治、軍事諸多方面的整頓改革，對外提出「尊王攘夷」的口號，使齊國由亂而治，稱雄於諸侯，成為「春秋五霸」之一。

戰國時代，三家分晉是段有名的歷史。當時，晉國最有勢力的大夫實際有四家，最強大的是智伯瑤。他想獨吞晉國，常顯得非常跋扈。當時，趙襄子剛繼父位，立足未穩，在宴請智伯瑤時，智伯瑤當其手下的面打了趙襄子，趙襄子隱忍不發。但後來當智伯瑤脅逼三家大夫供奉於他時，趙襄子卻首先反對，在使智伯瑤的野心暴露之後，他聯合其他兩家大夫，滅掉了智伯瑤。智伯瑤的純剛招致了失敗，而趙襄子的忍韌卻確立了取勝的基礎。

歷史上有名的「廉頗與藺相如」的故事，曾令多少英雄人物為之感動。如果藺相如僅因廉頗說了幾句帶有侮辱性質的話語

而大發脾氣，互相指責，互相攻擊，勢必要兩敗俱傷，給秦國以可乘之機。正是因為有了「忍」，便使一個國家得到安寧、和平，也正是因為有了「忍」，才出現了「刎頸之交」的朋友。可見「忍」是多麼的重要。

在當代，我們順著富豪們奮鬥的階梯探尋下去，卻發現每一個富翁身後都有著鮮為人知的苦難與彷徨，他們原來也是普通人，並且大多數出身貧寒，而正是這種苦難磨煉著他們的意志，正是隱忍使他們在困難面前百折不撓，永不服輸，也正是這種敢於同命運抗爭的精神成就了他們非凡的人生。

現實生活中也是這樣，行動取捨都不可失度，失度則會壞事，就會受到挫折。飲食無度，會傷身；貪婪無度，會招來殺身之禍；玩笑無度，會傷感情，有時甚至在無意中與人結怨。當然，並不是說一切事情均要忍，如果達到那種萬事皆空的境界，打你的左臉，你便將右臉也送給對方，這就是一種無原則的「忍」。因此，忍也是有界限、有限度的。

對於一個想要有所作為的人，為了長遠的利益，為了時勢，情理的轉換，必要的退讓忍辱不是壞事。以退為進，常常是屢用屢勝的。一個想要有所作為的人，只有不計較一時的得失，對細微敏感的小事隱忍不計，不怨不怒，不躁不憂，方能成就大事業。

這個「忍」字，可以說是最能鍛煉我們道德修為水準的一個字。許多人常常在這個理字上忍不下來。一缺乏這個忍，就容

易走向極端，從而把自己的生命丟棄在失於忍耐心的這個狀態之中。因此，我們無論在順境當中也好，在逆境當中也罷，都要注意培養自己的忍耐心。特別是在逆境當中，正如孟子所說：「天將降大任於是人也，必先苦其心志，勞其筋骨，餓其體膚，空乏其身，行拂亂其所為，所以動心忍性，曾益其所不能。」在逆境當中的磨煉，都要看作是對自己的一種鍛煉，是培養自己的忍耐心。

年輕人在學習的階段、在沒有踏入社會的階段，更要注重培養這種忍耐心，培養這種德性、品格，只有這樣，將來才能夠擔得起重負。無論在逆境當中，還是在困苦當中，還是各種惡劣的環境當中，我們都不會被擊敗。即使暫時被擊敗，我們也會堅強地站起來，繼續前進。

容人之過，用人之才

俗話說得好：將軍頭上能走馬，宰相肚裡好撐船，這是對一個領導者最好的褒獎，也是作為領導者能容人的最高境界。

所謂「金無足赤，人無完人」，每個人或多或少都有缺點。人才，不一定是全才；能人，不一定是完人。「峰高谷低」，優點突出的人，往往缺點也很明顯。人才之所以是人才，主要不是因為他沒有缺點，而是因為在某些方面有過人之處。如果一味地求全責備，甚至用放大鏡看缺點，就很難找到可用之才了。

戰國時期，衛人吳起很有才能，但恃才傲物。投奔魯國，

魯國不肯重用他；到魏國後，被魏文侯任命為大將軍。吳起不負眾望，不僅帶出了訓練有素的軍隊，收復了被秦國奪去的大片土地，還整治邊防，體恤民情，使百姓安居樂業，成為一代名將。顯然，魯國國君的苛求使他錯過了一個難得的將才。

作為領導者，應該有容人之短的大度，容人之過的雅量，不因斑點而損其亮點。古人云：「有大略者不問其短，有厚德者不問小疵。」對本質好、有能力的人才，要揚長避短、用長補短，敢於提拔使用，以達到人盡其才的最佳效果。比如，一個部門主管敢於改革，有創新精神，但有點自負固執。對這樣的人，領導就該多看優點長處，不必太計較缺點。

《資治通鑒·漢紀》裡講了這樣一個故事。劉備的謀臣法正常常利用職權解決個人恩怨，有人勸諸葛亮稟告劉備，限制法正的權力。但諸葛亮從大局出發，認為法正有謀大局、禦強敵的才能，不能因其有過失就限制他行使職權。有的領導容不得下級的過錯，有了點過錯恨不得一棍子將之打死。可「人非聖賢，孰能無過」呢？君不見歷史上凡是有作為的偉人，多數能容人之過。西漢名臣陳平曾有「貪金盜嫂」之嫌，劉幫並未因為他有這方面的過失而拒之門外。

孫中山說：「人能盡其才，則百事興。」再亮的眼睛都有盲點，再好的眼光也有盲區。人有時會被自己的眼睛欺騙。恐怕很少有誰敢說，自己看人絕對不會看走眼。既然光「看」靠不住，那就不妨多聽。聽群眾的聲音，聽不同的聲音，用相對客

五、海納百川，有容乃大

觀、全面的「聽」來彌補和糾正有可能主觀、片面的「看」。

有位才華出眾的經理，事業一直都不順利。這其中很重要的一個原因就是他太精明了。每次與朋友見面聊天總在聽他抱怨、指責別人，這些人包括他的合作夥伴、客戶以及下屬，他會一針見血地指出每個人的缺點和不足，然後抱怨同這些人共事有多麼困難。朋友勸他：用人、與人相處都儘量地看人長處，用人長處，不要老盯著人家的缺點不放。而他依然如故，公司事業也依然很不景氣。

其實有不少人才都有著與同樣的毛病，他們自視甚高，自律甚嚴，在他們眼中，周圍的人身上全是毛病，他們用自己的標準和好惡去衡量、要求別人。他們不乏精明，但少了一份應有的糊塗和容人的胸懷。這樣的人會是做具體業務的好手，但絕不是好的管理人才。他們可以成為好朋友，但要做整天在一起共事的同事很困難。

愛才、容才、護才是優化心理機制的集中表現。由於愛才而容才，由容才而護才，這是領導者用人時必須經歷的一個過程。而這個過程中，最關鍵的是容才。因為容才是開展工作中付之於行動的行為過程，也是最主要的過程。只有在容才中才能培養人才。容才就是要以寬宏大量的胸懷來對待人才。這樣，不僅能充分發揮人才的積極性和創造性，而且還能招引和挽留人才。

美國南北戰爭時期，最初九年，林肯領導的北軍雖然擁有

人力物力上的絕對優勢，卻連吃敗仗，後來林肯決定任命格蘭特為總司令，但有人反對，說格蘭特嗜酒貪杯。而林肯則說：如果我知道他喜歡什麼酒，倒應該送他幾桶。結果由於林肯用了格蘭特而轉敗為勝。由此可見，有些才能出眾的人，其缺點往往也突出。因此在選人用人上，應該切忌求全責備。在一些先進國家裡，有的公司用人有一條規定，在經營中失利的人優先。看來，這種做法不無道理。

西漢末年，一次更始帝巡視軍營，一名裨將因違犯軍規而被綁在轅門外等候問斬。許多將士求情赦免，更始帝不准。這時在更始帝身邊的劉秀說了一句話：使功不如使過，何不讓他帶過立功呢？更始帝沉思片刻，即令人鬆綁。後來這位裨將果然在作戰中立了大功。這是合乎人們心理的。因為有過錯的人往往比有功勞的人更容易接受困難的工作。並且容忍有過錯的人本身，對有過錯的人來說就是一種強大的激勵力量，就足以使其一躍而起，創造出令人驚歎不已的成績。特別是他們犯錯誤而受到社會歧視和冷落之後，其最大的願望往往就是恢復自己的價值和尊嚴，重新獲得社會的肯定，領導者一旦提供這種機會，能使其加倍感激領導的尊重和信任，從而更會迸發出超乎常人的熱情和幹勁，完成常人難以完成的任務。

水太清了連魚都無法生存，人太精明了會沒有願與你共事的人。領導者只有會容人，才能正確用人。不能容人，也就談不上科學用人。這是領導用人藝術的辯證法。在下級功、過、

195

個性、私仇面前，領導如果能以海納百川的氣度容納，並能動之以情、曉之以理、酌時以導、量事以用，下級必然會肝腦塗地為領導幹事，甘心情願地為領導所用。否則，領導的用人藝術也就會大打折扣。

寬恕別人就是解放自己

孔子的學生子貢曾問孔子：「老師，有沒有一個字，可以作為終身奉行的原則呢？」孔子說：「那大概就是『恕』吧。」「恕」，就是寬恕，寬恕是一種低調的風範，一個懂得寬恕之道的人，他的天地一定廣闊，精神一定充實，心靈一定純潔，靈魂一定美麗。

大多數人都聽過看過或自己有過這樣的感受：朋友之間或因一句玩笑話爭得面紅耳赤，甚至於成為陌生人；鄰里之間因為孩子打架而導致大人們大打出手，甚者老死不相往來；兄弟之間因雞毛蒜皮的瑣事會同室操戈，如此等等，不一而足。誠然，發脾氣很容易，但代價也未免太大了，這就如同為趕走一隻聒噪的烏鴉而砍掉枝繁葉茂的大樹一樣，得不償失。

在這個世界上，無論怎樣努力，也不可能有一道菜符合所有人的胃口。廚藝如此，做人亦然。站在自己的立場上，別人未必都合自己的胃口，而站在別人的立場上，你又何嘗能符合每個人的胃口？如此，做人就應該保持低調，存有寬恕包容之心。難怪孔子會說：「己所不欲，勿施於人。」他講的就是

寬恕別人就是解放自己

寬恕之道。

韓國總統金大中正式就職後，公開在總統府招待了曾經迫害過他的四位前任韓國總統。他以具體行動化解了政治仇恨，展現了他偉大的恕人之道。當別人傷害我們的時候我們能否像金大中總統那樣低調處理，與仇敵握手言和、化干戈為玉帛？古語常說：「知錯能改，善莫大焉。」既然如此，面對一個人在無意中犯下的錯誤，我們為何不能寬恕呢？

美國總統林肯幼年曾在一家雜貨店打工，一次因為顧客的錢被前面一位顧客拿走，顧客與林肯發生爭執，雜貨店老闆為此開除了林肯。老闆說：「我必須開除你，因為你令顧客對我們店的服務不滿意，這樣我們也將失去許多生意，我們應該寬恕顧客的錯誤，顧客就是我們的上帝。」許多年後，當上了總統的林肯說：「我應該感謝雜貨店的老闆，是他讓我明白了寬恕的重要。」

仇恨只能永遠讓我們生活在黑暗之中，而寬恕卻能讓我們的心靈獲得自由、解放。學會寬恕別人，就是學會善待自己。因為寬恕別人，可以讓自己的生活更輕鬆愉快。

有一個男孩有著很壞的脾氣，於是他的父親就給了他一袋釘子，並且告訴他，每當他發脾氣的時候就釘一根釘子在後院的圍籬上。

第一天，這個男孩釘下了 37 根釘子。慢慢地每天釘下的數量減少了。他發現控制自己的脾氣要比釘下那些釘子來得容易

些。終於有一天這個男孩再也不會失去耐性亂發脾氣，他告訴他的父親這件事。父親對他說：「現在開始每當他能控制自己的脾氣的時候，就拔出一根釘子」。

一天天地過去了，最後男孩告訴他的父親，他終於把所有釘子都拔出來了。父親握著他的手來到後院說：「你做得很好，我的好孩子。但是看看那些圍籬上的洞，這些圍籬將永遠不能回復成從前。你生氣的時候說的話將像這些釘子一樣留下疤痕。如果你拿刀子捅別人一刀，不管你說了多少次對不起，那個傷口將永遠存在。話語的傷痛就像真實的傷痛一樣令人無法承受。」

寬容是一種美德，當然寬恕傷害自己的人不是一件容易做到的事，要把怨氣甚至仇恨從心裡驅趕出去，的確是需要極大的勇氣和胸襟的。有個精神病人闖進了一位醫生家裡，開槍射殺了他三個花樣年華的女兒，可這位醫生仍為那精神病人治好了病。這是何等的勇氣和胸襟？記得一本書上說過，我們的心如同一個容器，當愛越來越多的時候，仇恨就會被擠出去，我們不需要一味地、刻意地去消除仇恨，而是不斷用愛來充滿內心、用關懷來滋潤胸襟，仇恨自然沒有容身之處。這位醫生就做到了。

要學會寬容別人的齟齬、排擠甚至誣陷。因為你知道，正是你的力量讓對手恐慌。你更要知道，石縫裡長出的草最能經受風雨。風涼話，正可以給你發熱的頭腦「冷敷」；給你穿的小

鞋，或許能讓你在舞臺上跳出曼妙的「芭蕾舞」；給你的打擊，仿佛運動員手上的槓鈴，只會增加你的爆發力。有仇必報，只能說明你無法虛懷若谷；言語刻薄，是一把雙面刃，割傷別人的同時也會割傷自己；以牙還牙，也只能說明你的「牙齒」很快要脫落了；血脈賁張，最容易引發「高血壓」。

安德魯·馬修斯在《寬恕之心》中說了這樣一句能夠啟人心智的話：「一隻腳踩扁了紫羅蘭，它卻把香味留在那腳跟上，這就是寬恕。」當一個汙黑的足球印在雪白的休閒褲上時，只是對著踢球人微笑一瞥，這就是寬恕。當因升遷晉級未達到目的，而甩來惡言髒語時，仍然為這語言過激的人擦淨辦公桌，泡上香茶，這也是寬恕。

當我們的心為自己選擇了寬恕的時候，我們便解放了自己，獲得了應有的自由。因為我們已經放下了怨恨的包袱，無論是面對朋友還是仇人，我們都能夠贈以甜美的微笑。佛道中常講究緣分，在眾生當中，能夠相遇、相識，這就是緣分。當你們因仇恨而相識，不可否認的是，在你們的心裡已經牢牢記住了對方的名字，如果你因為整天想著如何去報復對方而心事重重，內心極端煩躁和壓抑，那麼倒不如嘗試著放下仇恨，以低調的心態去寬恕對方，這樣你就可以因此多一個可以談心的好朋友。每一個人都需要朋友，多一份寬恕，便能讓我們多一位朋友。

好漢要吃眼前虧

時下有一句流行語：吃虧是福。可有不少人碰到眼前虧，還是會為了所謂的面子和尊嚴而去爭鬥，有些人因此而一敗塗地不能再起，有些人則獲得慘勝，但是元氣大傷！

漢朝開國名將韓信是「肯吃眼前虧」的最佳典型，鄉里惡少要他爬過他們的胯下，不爬就要揍他，韓信二話不說，爬了。如果不爬呢？有兩種可能，一是韓信不死也丟了半條命，二是韓信慘勝，元氣大傷。就因為他選擇了吃「眼前虧」，保住有用之軀，才有日後的統領雄兵、叱詫風雲。這正是：留得青山在，不怕沒柴燒啊！

所以，當你在人性的叢林中碰到對你不利的環境時，千萬別逞血氣之勇，也千萬別認為士可殺不可辱，寧可吃吃眼前虧。

假如你碰到這樣一個狀況：你開車和別的車擦撞，對方的車只是「小傷」，甚至可以說根本不算傷，你不想吃虧，準備和對方理論一番，可是對方車上下來四個彪形大漢，個個橫眉豎目，圍住你索賠，眼看四周荒僻，也無公用電話，更不可能有人對你伸出援助之手。請問，你要不要吃「賠錢了事」這個虧呢？你當然可以不吃，如果你能「說」退他們，或是能「打」退他們，而且自己不受傷。如果你不能說又不能打，那麼看來也只有「賠錢了事」了。因此，以這假設的故事為例，「賠錢」就是「眼前虧」。你若不吃，換來的可能是一頓拳頭或是車子被破壞。可能要吃更大的虧。

有一則寓言故事中講得好。一天，獅子建議 9 隻野狗與它合作獵食。它們打了一整天的獵，一共逮了 10 隻羚羊。 獅子說：「我們得去找個英明的人來幫我們分配這頓美餐。」 一隻野狗說：「一對一就很公平。」獅子很生氣，立即把它打昏在地。其他野狗都嚇壞了，其中一隻野狗鼓足勇氣對獅子說：「不！不！我的兄弟說錯了，如果我們給您 9 隻羚羊，那您和羚羊加起來就是 10 隻，而我們加上一隻羚羊也是 10 隻，這樣我們就都是 10 隻了。」

獅子滿意了，說道：「你是怎麼想出這個分配妙法的？」野狗答道：「當您衝向我的兄弟，把它打昏時，我就立刻增長了這個智慧。」

野狗能夠分到一隻羚羊就是吃「眼前虧」，它若不吃，換來的可能是獅子的利爪。你認為哪個划算？吃眼前虧的目的是以小虧來換取更大的利益，是為了「生存」和更高遠的目標，如果因為不吃「眼前虧」而蒙受巨大的損失或災難，甚至把命都賠上了，哪有什麼未來和理想可言？所以說：「好漢要吃眼前虧。」眼前虧不吃，可能要吃更大的虧！

東漢時期，有個在朝官吏叫甄宇對此道也有深深的研究，甄宇當時任太學博士。有一年臨近除夕，皇上賜給群臣每人一隻外番進貢的活羊。具體分配時，負責人發了愁，因為這批羊有大有小，胖瘦不勻，難以分發。大臣們紛紛出謀劃策，有人主張把羊統統殺掉，肥瘦搭配，人均一份；有人主張抽籤分羊，

好歹全憑運氣……朝堂上像開了鍋，七嘴八舌爭論不休。這時，甄宇說話了：「分隻羊有那麼費勁嗎？我看大夥隨便牽走一隻羊算了。」說完，他率先牽走了最瘦的一隻羊，瀟瀟灑灑地回家過年去了。

見甄宇如此，眾大臣停止了爭論，紛紛效仿，羊只很快就分發完畢，眾人皆大歡喜。此事傳到光武帝耳中，甄宇就得了「瘦羊博士」之美譽。不久，在群臣的推舉下，他又被朝廷提拔為太學博士院院長。

甄宇吃了眼前的小虧牽走了小羊，卻得到了被皇上器重的大福，前後的得與失可謂相差千里。所以說故意吃虧不是虧，而是有著深謀遠率的精明之舉。

在無商不奸的商道中，大概沒有人能信服「好漢要吃眼前虧」這個道理。商道的核心是利潤，吃虧與之格格不入。然而，許多大商人卻因吃「眼前虧」而發跡。

二戰時期，聯合國還在醞釀籌畫之中。當時，這個全球至高無上、最有權威的世界性的組織，竟沒有自己的立足之地。剛剛成立的聯合國機構還身無分文，讓世界各國籌資吧，負面影響太大。聯合國對此一籌莫展。

聽到這個消息後，美國著名財團洛克菲勒家族經過商議，便馬上果斷出資 870 萬美元，在紐約買下一塊地皮，無條件地贈與了當時的聯合國。同時，洛克菲勒家族將毗連這塊地皮的大面積地皮也全部買下。

對於洛克菲勒家族的這一出人意料之舉，當時許多美國大財團都吃驚不已。許多財團和地產商甚至嘲笑說：「這簡直是愚蠢之舉！這樣經營不到 10 年，著名的洛克菲勒財團便會淪為貧民集團！」但出人意料的是，聯合國剛剛建成完工，毗鄰的地價便立刻飆升起來，相當於捐獻款的數十倍、上百倍的巨額財富源源不斷地湧進了洛克菲勒家族財團，這種結果令嘲笑和譏諷的人們目瞪口呆。

洛克菲勒家族當初的虧吃得也確實有點大。但誰知道這卻是一種大風度、大智慧、大膽識。捐獻的結果讓自己大獲其利，真可謂名利雙豐收。

由此，我們不難想到，吃點眼前虧並不是壞事。事事怕吃虧，處處怕吃虧，斤斤計較、算盤頂著腦門算的人，也成就不了什麼大事業。因此，在面臨無法逾越的困難或者極大的危險時，永遠不要被眼下的一點磕磕絆絆迷惑了雙眼。越是激憤難平的時刻越要提醒自己：這個「眼前虧」要吃。

隱藏鋒芒，以避災禍

自古以來，做人切忌恃才自傲，不知饒人。鋒芒太露易遭嫉恨，更容易樹敵。功高震主不知給多少下屬鉅子招致殺身之禍。所以屢屢有開國初期殺功臣之事。韓信被殺，明太祖火燒慶功樓，無不如此。

《三國演義》中，劉備死後，諸葛亮好像沒有大的作為了，

五、海納百川，有容乃大

不像劉備在世時那樣運籌帷幄，滿腹經綸，鋒芒畢露了。在劉備這樣的明君手下，諸葛亮是不用擔心受猜忌的，並且劉備也離不開他，因此他可以盡力發揮自己的才華，輔助劉備，打下一片江山，三分天下而有其一。劉備曾當著群臣的面說：「我死之後，如果這阿斗這小子可以輔助，就好好扶助他；如果他不是當君主的材料，你就自立為君算了。」諸葛亮頓時冒了虛汗，手足無措，哭著跪拜於地說：「臣怎麼能不竭盡全力，盡忠貞之節，一直到死而不鬆懈呢？」說完，叩頭流血。

劉備再仁義，也不至於把國家讓給諸葛亮，他說讓諸葛亮為君，怎麼知道沒有殺他的心思呢？因此，諸葛亮一方面行事謹慎，鞠躬盡瘁，一方面則常年征戰在外，以防授人「挾天尹」的把柄。而且他鋒芒大有收斂，故意顯示自己老而無用，以免禍及自身。這是韜晦之計，收斂鋒芒是諸葛亮的大聰明。

有時當危險要落到自己頭上時，透過裝傻弄呆，也可以達到逃避危難、保全自身的目的。著名的軍事家孫臏，遭到龐涓暗算後，身陷絕境。然而孫臏不向惡勢力妥協，他決定佯狂詐瘋，以傾龐涓的警惕之心，然後再圖逃脫之計。一天龐涓派人送晚餐給孫臏吃，只見孫臏正準備拿筷子時，忽然昏厥，一會兒又嘔吐起來，接著發怒，張大眼睛亂叫不止。龐涓接到報告後親自來查看，只見孫臏痰誕滿面，伏在地上大笑不止。過了一會兒，又號啕大哭。龐涓非常狡猾，為了考察孫臏狂瘋的真假，命令左右將他拖到豬圈中，孫臏披髮覆面，就勢倒臥豬糞

污水裡。此後龐涓雖然半信半疑，但對孫臏的看管比以前大大地鬆懈了。孫臏也終日狂言誕語，一會兒哭一會兒笑，白天混跡於市井，晚上仍然回到豬圈之中。過了一些天，龐涓終於相信孫臏真的瘋了。這才使孫臏不久得以逃出魏國。

在當今天社會裡，也不要太露鋒芒，你鋒芒太露就容易招人陷害。雖容易取得暫時成功，卻為自己掘好了墳墓。當你施展自己的才華時，也就埋下了危機的種子，所以才華顯露要適可而止。

其實，要做到這一點是非常不容易的，裝傻的玄機在於好的演技，只有有好的演技，才能演得可愛，「傻」得恰到好處。裝傻並非傻瓜，而是大智若愚。誰不識其中真相誰就會被愚弄；誰無法領會大智若愚之神韻，誰就是真正的傻瓜、笨蛋。然而，不是人人都可以傻得恰到好處，如果沒有掌握得恰到好處，反而會弄巧成拙。

作為一個人，尤其是作為一個有才華的人，要想既能有效地保護自我，又能充分發揮自己的才華。不僅要說服、戰勝盲目驕傲自大的病態心理，凡事不要太張狂太咄咄逼人，更要養成謙虛讓人的美德。所謂「花要半開，酒要半醉」，凡是鮮花盛開嬌豔的時候，不是立即被人採摘而去，也就是衰敗的開始。

人生也是這樣，當你志得意滿時，且不可趾高氣揚。目空一切，不可一世，不被別人當靶子打才怪呢！所以，無論有如何出眾的才智，也一定要謹記：不要把自己看得太了不起，不

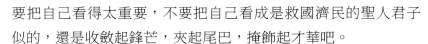

要把自己看得太重要，不要把自己看成是救國濟民的聖人君子似的，還是收斂起鋒芒，夾起尾巴，掩飾起才華吧。

《紅樓夢》裡的薛寶釵，其為人不但待人接物極有分寸，且善於從小事做起。最經典的應屬元春省親那一段，元春省親與眾人共敘同樂之時，制了一個燈謎，令寶玉及眾姐妹們去猜。黛玉、湘雲一干人等一猜就中，眉宇之間顯露出不屑一顧的神情，惟獨薛寶釵對這「並無甚新奇」，「一見便猜著」的謎語「口中少不得稱讚，只說難猜，故意尋思」。有專家們一語破的：此謂之「裝愚守拙」，因其頗合賈府當權者「女子無才便是德」之訓，實為「好風憑藉力，送我上青雲」之高招，怎不令人拍案叫絕呢。

《武松》的故事大部分人大概都知道，武松「醉打蔣門神」的精彩片斷中，手握酒杯，仰面而乾，身子東倒西歪，步履輕漂虛浮，蔣門神於漫不經心之際，鼻樑突著一拳，尚未回過神來，眼額又遭一腿……當其終於醒悟這絕非是酒鬼的「歪打正著」之時，其身已受重創而無還手之力了。「醉拳」之厲害，在於一個「裝醉」，表面上看來跌跌撞撞，偏偏倒倒，踉踉蹌蹌，不堪一推，而其實，醉醺醺之中卻殺機暗藏，就在你麻痺大意之時，卻挨上了「醉鬼」的狠招。

真醉和裝醉是完全不同的兩種情況，愚者和裝愚者是截然相異的兩種人。玩「醉拳」的，是「形醉而神不醉」，「醉」是「醉」在虛處，是迷惑對手，而拳卻擊在實處，招招乃致命殺

手。裝愚的，是「外愚而內不愚」，「愚」是「愚」在皮毛小事，無關大局，而「精」卻「精」在節骨眼上，事關一生命運。

許多時候，要想受到別人的敬重，就必須掩藏你的聰明。懂得裝傻者絕非傻子，能夠使他人買下自己「傻氣」的人，正是人生中最偉大的推銷員。他們的成功自古至今皆無例外。這就是「難得糊塗」歷來被推崇為高明的處世之道的原因。

胸襟寬一分則和，行為讓一步則順

有句話講得很好：天空收容每一片雲彩，不論其美醜，故天空廣闊無比，高山收容每一塊岩石，不論其大小，故高山雄偉壯觀；大海收容每一塊岩石，不論其大小，故大海浩瀚無涯。黑夜收容每一點光亮，不論其明暗，故黑夜星光閃爍而美麗動人。

競爭激烈的現代社會，充斥著勾心鬥角、爾虞我詐。在這種情況之下，彰顯自己並且承托別人便成為立足社會的雙贏大智慧。寬容能化解世上一切的矛盾、誤會，能給人以美好的環境，美好的心情。寬容是一種修養，是對自己的人格與性情的冶煉，從而是自己心胸趨向博大，使自己的視野變得深遠。

在武將廉頗的眼裡，一個隻會說幾句好話的文相藺相如何以職位比他高？於是處處與之作對，出言不遜。但藺相如並沒有跟他計較，而是道出了「先國後己」的君子之言。這話著實令廉頗汗顏，於是就有了「負荊請罪」的佳話，「將相和」的美談。

五、海納百川，有容乃大

從此文相武將輔佐君主，繁榮國家。藺相如的堅忍、包容讓人欽佩。與他人和平共處，才能使自己的地位更加穩固。正是他的忍讓，使得他與廉頗都受到人們的尊敬，同時為國家穩定做出了貢獻。這不能不說是一種雙贏的智慧。

說到底，肚量是個視野的問題。如果能放眼天地間，那麼就容易對現實中的是非、善惡有比較廣闊深刻的瞭解；如果能從自己胸懷大志，任重而道遠的目標高度來想問題，那麼對平時工作中遇到的恩恩怨怨、是是非非，就容易理解，可做到忽略不計。

宋代著名的「三蘇」父子，在他們出川之前，首先得到了四川郡守張方平的賞識，張方平與當時的文壇領袖歐陽修因政見不和，平素裡結怨甚深，此時為了推薦蘇氏父子，便放棄成見，寫信給歐陽修予以引見。歐陽修見信後同樣以寬廣的胸襟，按張的意思接納了三蘇，並對他們的詩文作品給予了很高的評價，使三蘇很快就有了一定的知名度，並順利通過了科舉考試。

英國首相邱吉爾在面對落選的狼狽時，表現得極為坦然。當他從秘書的口中得知自己落選時，邱吉爾爽然一笑：「好極了！這說明我們勝利了！我們追求的就是民主，民主勝利了，難道不值得慶賀？」說得是那樣從容，那樣理智，處事讓一步為高，退步是進步的根本，被這位豁達的政治家表現得淋漓盡致。

在一次酒會上，一個女政敵高舉酒杯走向邱吉爾，並指了

指邱吉爾的酒杯說：「我恨你，如果我是你的夫人，我一定會在你的酒裡投毒！」顯然，這是在挑釁，但邱吉爾笑了笑，友好地說：「您放心，如果我是您的先生，我一定把它一飲而盡。」他的從容不迫不得不讓我們欽佩，不僅給對方一個臺階下，也表現了自己待人的寬容之心。

利人是利己的根基，無論是邱吉爾還是歐陽修，他們都用行動詮釋了寬容這個詞。

海洋的確寬容，天空的確廣袤，宇宙也的確浩瀚，但是比這些更廣闊的是人的胸懷。寬容如一縷清風，吹走夏日的炎熱；寬容如那沁人心脾的芬芳，即使是在大雪紛飛的冬天也能嗅到清香。

寬容是一種胸襟，一種氣度，一種眼光。事實上，不可能人人都成為偉人，在社會的座標上，每個人都有自己的定位。大人物固然風光無限，然而小人物也有自己的陽光地帶。當別人踩到你的腳忙說對不起時，你應揮揮手說聲「沒關係」；當別人無意地中傷你時，你應不記前嫌，用行動證明自己；當別人為自己的行為而後悔時，你更應去體諒他、包容他。寬容其實就這麼簡單。

做人要學會設身處地，學會替別人著想，學會不去計較，這是一門簡單而又複雜的哲學，然而卻影響著每一個人的一生。試想一下，如果每人都那麼心胸狹窄，那麼人性所本來擁有的真善美又何從發揮呢？人類失去寬容之心如同鳥兒失去翅

五、海納百川，有容乃大

膀，天空失去色彩，地球失去水源，一切的一切都將黯然失色。

寬容是人與人之間交往的落腳點，它給別人留下了適當的空間，使彼此之間能融洽相處。倘若你以友好真誠的態度寬容對方，便給了他們自覺改正錯誤的時間與空間，這是鄙夷不屑，諷刺挖苦或蠻橫態度所達不到的。

寬容需要一定的自製力，一個心胸狹窄的人是很難寬容別人的，也難以得到別人的寬容。唯有把自己放入到生活的激流中去刻意鍛煉才能造就沉穩的性格與豁達的心態。這樣，在突發事件面前才能鎮定自若，理清思路，寬容才能顯示出其獨特的魅力。

心胸寬闊的人，往往不去過分計較得與失，他們知道過了就過了，成了就成了，做了就做了，錯了就錯了，何必計較？何必埋怨？他們的心靜如止水，對待生活是樂觀而又從容不迫，對待他人是友好而又寬容大方，因此，他們比別人過得瀟灑。

學會了寬容，在人生旅途上，即使是遇到了淒風苦雨的日子，碰到了困苦與挫折，也能做到閑看庭前花開花落，漫隨天外雲捲雲舒。帶一份平和，一份智慧，去接納雲，挽留魚。彰顯我們的長處，承托別人的短處，在茫茫競爭人海中，盡顯自己雙贏的人生大智慧。因為我們堅信，一切都將過去，只要寬容以待。

讓我們敞開寬闊的胸襟，像大海那樣去接納所有的江河

吧，那不是無奈，而是一首扣人心弦的交響。

學會讚美你的對手

　　隨著年齡的成長，大多數人已經不再會為了別人的一句讚美而徹夜不眠，但是聽到讚美時的美好感覺並不能因年齡的增長而抹去。在潛意識裡，想受到別人的歡迎，得到別人的讚賞，這是人類的本性。我們都在渴望別人的眼睛，渴望別人的讚美。由此而及彼，別人也同樣在渴望讚美。如果沒有他人的贊許，又如何知道自己在別人心目中的形象呢？

　　一個人增加了自尊與信心，就會產生奇蹟，你會突然覺得別人很可愛，他會變得親切和藹，更加願意與你合作。讚美是亮油，可以把自己的形象擦得閃閃發光。你讚美別人能夠使他人產生奇蹟，你使他增加了自尊，他就會喜歡你，願意與你在工作和生活或其他方面誠懇合作。所以，學會讚美別人便獲得了處世的法寶。

　　麥可‧喬丹是馳譽世界的籃球明星，他在籃球場上的高超技藝舉世公認，而他待人處世方面的品格也很出眾超群。為了使芝加哥公牛職業籃球隊連續奪取冠軍，喬丹意識到必須推倒「喬丹偶像」，以證明「公牛隊」不等於「喬丹隊」，個人絕對勝不了集體。在訓練中，喬丹執意要鼓起隊員的自信心。有一次，喬丹問皮朋：「咱倆誰投分球更好些？」「你！」皮朋說。「不，是你！」喬丹十分肯定。喬丹解釋說：「你投分球的動作非常規範，

五、海納百川，有容乃大

而我投分球還有許多弱點！」喬丹還告訴皮朋，自己扣籃時多用右手，或習慣用右手幫一下。而皮朋雙手都行，用左手更好一些。而這一細節連皮朋自己都沒注意到。喬丹把比他小的皮朋視為親兄弟，「每回看他打得好，我就特別高興，反之則很難受。」喬丹平實的話語中流露著他們之間的情誼。

皮朋是公牛隊最有希望超越喬丹的新秀，但喬丹沒有把隊友當作自己最危險的對手，反而處處對其加以讚揚、鼓勵。喬丹這種心底無私的慷慨，首先反映了他自我挑戰的勇氣。喬丹一度成為芝加哥公牛隊的偶像，這不能不說是他個人的成功。然而，喬丹沒有因世界球迷們的狂熱摯愛而狂妄自大，目空一切。他清醒地認識到「喬丹偶像」的副作用，意識到要想公牛不敗，必須樹立起全體隊員的信心和凝聚力。對自己球隊的熱愛和強烈責任感，促使喬丹勇敢地向「喬丹偶像」發起挑戰，細緻分析隊友的優點和長處，尋找自己的明顯不足。這既體現了喬丹的勇氣，更體現了他對隊友的尊重和友愛，對自己球隊的信心。這是他個人及隊友自信心的深厚基礎和力量源泉，也是他自信心的充分表現。

如果喬丹透過擊垮自己的隊友來樹立自己的信心，維持自己的形象，這種信心將不堪一擊，最終只能使對手得利。有一次，美國職業籃球聯賽的決戰中，皮朋獨得分超越了喬丹，成為公牛隊這個時期的場比賽得分首次超過喬丹的球員。這是皮朋的勝利，也是喬丹的勝利，更是公牛隊的勝利。

這個事例說明，同競爭對手友好相處，即使對手勝過了你，也不妨大大方方地表示讚美之情，應為他的進步而高興。這表現了你寬廣的胸懷，也表現了你向對方學習的勇氣。另一方面，同對手公平競爭，具有自信心的人不會擔心機會稀缺，而相信機會多的人是由於他們自身具有的內在價值感和自信心，從而能促使他們奮鬥不息。

生活中存在許多機會，足夠每個有自信心加奮鬥的人分享。因此，他會慷慨地與他人分享機會、榮譽，為別人的成功而高興。與之相反，缺乏自信心的人，認為別人的成功是對自己的致命一擊，意味著必然造成自己的失敗，這樣的人不僅沒有同對手友好相處的勇氣，反而會為對方設置非法障礙，甚至誤入歧途。

當代社會，舊的人情網在新型市場經濟觀念的衝擊下，已經支離破碎了，鐵飯碗也打破了，不論你資歷深淺，學位高低，都有機會展現你的才能和個性。但現代社會工作的要求，每一項工作都離不開同事的幫助與合作，離不開上司與下屬的支援。那些處理好與同事的關係的人，總是工作順利；那些不合群、自命清高的人讚美自己容易，讚美別人困難，所以注定要遭遇失敗。

讚美別人是一種低調做人的哲學，英國政治家兼作家賈斯特菲德爾有這樣一句名言：「要使人喜歡你，首先要使他多喜歡自己一點。」讚美別人未必說明你就是弱者。因為你在欣賞別人

的時候，也在不斷地提升和完善自我；讚美別人是一種美德，付出了讚美，這非但不會損傷你的自尊，相反還將收穫友誼與合作；讚美別人是一種人格修養，讚賞別人的過程，其實也是矯正自己的狹隘自私和妒忌心理，從而培養大家風範的過程。

讚美絕不是阿諛奉承。如果你的讚美毫無根據，只是說：「你真是太好啦」或者「我對你的佩服如滔滔江水連綿不絕」之類的話，恐怕沒有什麼人會認為你真的對他們充滿了敬意。所以，一定要讚美事情本身，不要「以人為本」，這樣你的讚美才可以避免尷尬、混淆或者偏袒的情況發生。讚美別人是個亙古不變的高招，學會了，在任何關係領域都會遊刃有餘。

諺語有云：「送人玫瑰手有餘香。」這句話的確是很有道理的。朋友們，去慷慨地讚揚每一個人吧，包括你的對手。每個人都有他值得別人讚揚的地方。找到這些值得讚揚的人和事，然後讚揚他們！

六、委曲求全，不爭善勝

　　人間事往往不委曲難以求全，為求全難免委曲；能委曲方為大丈夫，會求全才叫真本事。兇悍張揚之人難免要在爭勝鬥勇中受到損害；只有懂得屈伸進退道理的人，才會不強求成功，能委曲求全而不傷及自身。

　　不主動出擊，應用潛藏策略，自己不顯山露水，則屬於「不爭」。「不爭」是爭的一種最優策略，透過「不爭」可以達到「莫能與之爭」的目的。如果你把自己總是放在最高峰，很可能馬上會掉下來，而有了「不爭」之德的人，就可以防止失敗。

六、委曲求全，不爭善勝

韜光養晦，等待時機

古人云：「木秀於林，風必摧之。」鋒芒畢露的人很容易遭到別人的非議和敵視，善於保存自己，不是消極地避凶就吉，而是為了養精蓄銳，待機而動，這就是韜光養晦。

在歷史上有不少成功地運用「韜晦」待機之計克敵制勝的例子。韜光養晦是一種暫時性的策略，在敵強我弱，於我不利的情況下，運用韜光養晦之計最為適宜。

劉備投靠曹操之後，仍有一番雄心壯志。但是劉備為防備曹操謀害，就在住處後院種起菜來，並親自澆灌，以為韜晦之計。關羽、張飛對此不解，問道：「兄長你不留心天下大事，卻學小人之事，為什麼呢？」劉備說：「這不是二位兄弟所知道的。」二人也就不再多言了。

有一天，曹操派人請他去赴宴，劉備不知曹操用意，心裡忐忑不安。酒到半酣，忽然烏雲密佈，驟雨將至。曹操突然問道：「玄德久歷四方，一定非常瞭解當世的英雄，請說說看。」劉備歷數了袁術、袁紹、劉表、孫堅、劉璋、張魯、張繡等人。不料，曹操鼓掌大笑道：「這些碌碌無為之輩，何足掛齒！」劉備說：「除了這些之外，我實在不知道了。」曹操說：「凡是英雄，都是胸懷大志，腹有良策，有包藏宇宙之機，吞吐天地之氣。」劉備說：「那誰能擔當此任呢？」曹操先用手指指劉備，又指指自己，說：「當今天下英雄，只有您和我曹操了。」劉備聞聽此言，大吃一驚，手中所持的筷子不覺掉到地上。正巧這

時外面雷聲大作，劉備便從容俯下身去拾起筷子，說：「一震之威，乃至於此。」曹操笑著說：「大丈夫也怕雷震嗎？」劉備說：「聖人云：『迅雷風烈必變』，怎能不怕呢？」這樣，把自己聞言失態便掩飾了過去，曹操也就不再懷疑劉備胸有大志了。

劉備在此處所運用的是一種有所作為的「韜光養晦」，是一種特殊情形下的應變之術。在這種情況下，可能要遭到巨大的人格、精神的侮辱，但如果有雄心壯志，就不能斤斤計較，目光短淺，而應該著眼未來，不做無謂的犧牲。不逞一時之勇而毀掉自己的美好未來。

在人生之路上，在商場如戰場的當今社會，巧用「韜晦」之計，便可絕處逢生，從而實現遠大的目標。

麥當勞快餐館的董事長克洛克沒讀完中學就出來做工，以維持生存。後來，他在一家工廠當上了推銷員，生活狀況有了明顯的改善。他在推銷產品過程中結交了許多朋友，積累了大量有關經營管理方面的寶貴經驗。後來，他決定創辦自己的公司。

透過市場調查，克洛克發現當時美國的餐飲業已遠遠不能滿足已變化了的時代要求，極需改革，以適應億萬美國人的速食需求。但是，克洛克面臨的首要問題就是資金問題，對於一貧如洗的克洛克來說，自己開辦餐館根本就不可能。最後，他終於想出了一個好辦法，他在做推銷員工作時，曾認識了開餐館的麥當勞兄弟，自己可以到他們的餐館中學習經驗，以實現

自己的理想。於是，克洛克找到麥氏兄弟，講述自己目前的窘境，懇請麥氏兄弟幫忙，最後博得了對方的同情，答應他留在餐館做工。

克洛克深知這兩位老闆的心理特點，為了儘早實現自己的目標，他又主動提出在當店員期間兼做原來的推銷工作，並把推銷收入的 5% 讓利給老闆。

為了取得老闆的信任，克洛克工作異常勤奮，起早貪黑，任勞任怨。他曾多次建議麥氏兄弟改善營業環境，以吸引更多的顧客；並提出配製分餐、輕便包裝、送餐上門等一系列經營方法，擴大業務範圍，增加服務種類，獲取更多的營業收入；還建議在店堂裡安裝音響設備，使顧客更加舒適地用餐；他還大力改善食品衛生，抓牢飲食品質，以維護服務信譽；認真挑選店堂服務員，儘量雇傭動作敏捷、服務周到的年輕女孩當前方招待；而那些牙齒不整潔、相貌平常的人則安排到後方工作，做到人盡其才，確保服務品質，更好地招待顧客。克洛克為店裡招徠了不少顧客，老闆對他更是言聽計從了。餐館名義上仍是麥氏兄弟的，但實際上餐館的經營管理、決策權完全掌握在克洛克的手中。

不知不覺，克洛克已在店裡幹了 6 個年頭。時機終於成熟了，他透過各種途徑籌集到了一大筆貸款，然後跟麥氏兄弟攤牌，最終克洛克以 270 萬美元的現金，買下麥氏餐館，由他獨自經營。克洛克入主快餐館後，經營、管理更加出色，很快就

以嶄新的面貌享譽全美，經過 20 多年的苦心經營，總資產已達 42 億美元，成為國際十大知名餐館之一。

克洛克用「韜光養晦」的戰術取得了成功，僅以讓利 5% 就輕易打入了麥氏快餐館，隨後透過長時間的潛移默化，對老闆的刻意奉迎，換取了兄弟倆的信賴，使兄弟倆認為他處處替自己著想，感到雙方利益一致，便自動消除了對他的猜忌，愉快地接受了他的多種建議。經過逐步滲透、架空，使老闆「名存實亡」，最後一場交易，全部吃掉了麥當勞快餐館。

在當代職場裡，太急於顯露自己的才能和實力，盼望儘快得到他人的認可和刮目相看，表現得急於求成是很不可取的。這樣做不僅會給人自高自大的印象，更主要的是會使你過早地成為人們的競爭對手，倘若你沒有厚積薄發的底牌，一旦成為強弩之末，那只有被人嗤之以鼻，驅逐下場。所以，別太拿自己當回事，還是韜光養晦比較好。

面對挫折，隱忍尋機

古語云：「天有不測之風雲，人有旦夕之禍福。」每個人在漫長的人生旅途中都不可能一帆風順。人生的路也不可能總是一馬平川。人生是曲折的，人生是坎坷的，就像一條佈滿荊棘的路，誰也不清楚自己會在什麼時候踏入。但是踏入也不要消沉，不要一蹶不振，不要將自己葬身於萬劫不復的深淵，而要有面對挫折的勇氣。面對挫折，低頭隱忍尋機才是明智之舉。

六、委曲求全，不爭善勝

有這樣一則寓言故事。有一天，一個農民的驢子掉到了枯井裡。那可憐的驢子在井裡淒慘地叫了好幾個鐘頭，農民在井口急得團團轉，就是沒辦法把它救起來。最後，他斷然認定：驢子已經老了，這口枯井也該填起來了，不值得花這麼大的精力去救驢子。 於是農民把所有的鄰居都請來幫他填井。大家抓起鐵鍬，開始往井裡填土。

驢子很快就意識到發生了什麼事，起初，它只是在井裡恐慌地大聲哭叫。不一會兒，令大家都很不解的是，它居然安靜下來。幾鍬土過後，農民終於忍不住朝井下看，眼前的情景讓他驚呆了。每一鏟砸到驢子背上的土，它都做了出人意料的處理：迅速地抖落下來，然後狠狠地用腳踩緊。就這樣，沒過多久，驢子竟把自己升到了井口。它縱身跳了出來，快步跑開了。在場的每一個人都驚詫不已。

其實，生活也是如此。各種各樣的困難和挫折，會如塵土一般落到我們的頭上，要想從這苦難的枯井裡脫身逃出來，走向人生的成功與輝煌，辦法只有一個，那就是：將它們統統都抖落在地，重重地踩在腳下。因為，生活中我們遇到的每一次挫折，每一次失敗，其實都是人生歷程中的一塊墊腳石。

楚漢爭霸時，季布曾是項羽麾下的戰將，有一次追擊劉邦，差點殺了劉邦。後來劉邦得了天下，最恨的就是季布，懸重賞全國通緝他，同時下令，誰敢藏匿他就誅滅九族。季布無處藏身，只好剃成光頭東躲西藏，最後還賣身為奴，才得以自

保。有人會說，一個真正的英雄壯士，窮途末路，一死了之算了。像季布這樣的壯士，一反昔日剛勇豪邁的氣概，窩窩囊囊地亡命天涯，這又是何苦呢？

其實季布自有季布的理由。在劉、項爭雄的時候，以西楚霸王項羽那樣「力拔山兮」的氣概，季布仍然能在楚軍中以武勇揚名楚國。每次戰役都身先士卒，率領部隊衝鋒陷陣，多少次衝入敵軍奪旗斬將，稱得上是真正的壯士。 可是等到項羽失敗，劉邦下令通緝他，要抓他殺他的時候，他又甘心為奴而不自殺，顯得很下賤，一點志氣都沒有。季布為什麼要這麼做呢？因為他堅信自己是個了不起的人才，只是投錯了胎，走錯了路，所以受盡了屈辱但不以為恥，盼望有機會能施展自己還沒有充分發揮的潛能，所以最終成了漢代的名將。從他的所作所為中可以窺測出他的志氣、抱負，他覺得為項羽而死太不值得，因此才那樣忍辱負重，委曲求全。

由此看來，一個有見識、有素養、有氣魄的英雄，並不像愚夫愚婦一樣，心胸狹隘，為了一點兒小事，就氣得尋死上吊。這並不是有勇氣的表現，而是計窮力竭，覺得沒有辦法挽回局面，走到絕路上了，所以才去自殺。而胸懷大志的人，固然把死看得很輕，但要看值不值得去死。只要還有一線東山再起的希望，即便敗得再慘也不會自殺的，他們寧願被俘虜，落到坐大獄、受刑戮的地步，也至死不甘心。

因為他們的智慧超過常人，他們唯一憂懼的是此身不保，

六、委曲求全，不爭善勝

只要留得青山在，就會實現他的理想，所以他們寧願做囚犯也不想死。這些英雄豪傑，只想如何建功立業，為此受什麼委屈都在所不惜。

前事不忘，後事之師。我們處身於當今競爭日益加劇的社會裡，挫折無處不在。若因一時遭遇挫折而意志消沉，一蹶不振，斷送自己的美好人生，你將因此而後悔莫及。

挫折，就是我們平常所說的失敗或者「碰釘子」。心理學上認為它是當個體從事有目的的活動受到障礙或干擾時，所表現的情緒狀態。挫折是不以人的意志為轉移的生活內容之一。世上的事情往往這樣：成果未成，先嘗苦果；鬥志未酬，先遭失敗。可以說，一個人的生活目標越高，越是好強上進，就容易敏銳地感受到挫折。

挫折能引導一個人產生創造性的變遷，即增強韌性和解決問題的能力，也能引導人們以更好的方法滿足需要。英國卓越的科學家威廉·湯姆遜用這樣一句話概括了他的一生：「有兩個字最能代表我五十年內在科學進步上的奮鬥，那就是『失敗』二字。」可見，失敗成就了他的事業。

生活從它自身的邏輯出發，要求人們增強生活的勇氣，增強對挫折的容忍力，要求人們能進取，從挫折中不斷總結經驗，產生創造性的變遷。成功的生活經驗告訴人們：補償是一種有用的變通進取方式。如愛情受到挫折，就到事業上補取；身有缺陷，就到創造中補取。生活中可供翱翔的天空是那麼廣

闊，可供迴旋的餘地是那麼廣大，可供變通的途徑是那麼眾多，正如俗話所講：東方不亮西方亮，旱路不通水路通。碰上挫折，要學會低下你高昂的頭，隱忍等待。

朋友，你的生命如果是一把劈荊斬棘的「刀」，那麼挫折就是一塊不可缺少的「礁石」。為了使這把「刀」更鋒利些，勇敢地面對挫折的磨礪吧！

彎腰做人，以屈為伸

苦難與榮耀是兩個相互對立又相互聯繫的辯證概念，它實際上道出了一個樸素的道理：若想獲得榮耀，苦難是途徑。因此，在競爭之中生存，就必須懂得「苦難與榮耀」的關係，明白「彎腰做人」的道理，只有如此才有可能在激烈的競爭中立於不敗之地。

風一吹便低俯的草，其實是飽經風霜，透過無數次考驗的堅韌的草。人生何嘗不是如此。低頭彎腰便保護了自己，強硬只會夭折得更快。現實生活中，很多人都會碰到不盡如人意的事情，需要你暫時退卻時必須面對現實。要知道，敢於碰硬，不失為一種壯舉，但硬要拿著雞蛋去與石頭碰，只能是無謂的犧牲。這個時候，就需要用另一種方法來迎接生活，這就是適時彎腰低頭。

邁克剛剛步入社會的時候，在一家廣告公司任職。自恃有幾分才氣，誰都不放在眼裡。加上性情十分衝動，所以輕易便

把經理得罪了。時間一長，漸漸覺得自己在公司的日子不好過了。因為在以後的日子裡，批評他成為會議中的保留節目。為此，他十分苦悶，很想一走了之。

當和朋友傾訴了自己的煩惱之後，朋友問他：「公司裡業務的每一個環節你都學會了嗎？」他回答說「沒有」。「你願意背著那些洗不清的罪名離開嗎？」「不願意，可是我在哪裡也一樣說不清啊！」「那不一樣。君子報仇，十年不晚，你何不學會了所有的業務之後再離開呢？」他仔細考慮了朋友的話，認為很有道理，於是他堅持了下來，收拾好心情，低頭實幹，在公司源源不斷地「充電」。一段時間之後，他兢兢業業的工作為他贏得了實實在在的業績。一筆又一筆的業務也增長了他的信心和經驗。而這時候他發現，那些中傷他的謊言也已不攻自破，他不想再離開了。

在生活中歷練過的人都能瞭解，謙虛往往被看成軟弱，然而這種生活態度卻恰恰是嘗遍人世辛酸之後一種必然的成熟。那些昂然高論，不以為然的人，對這個問題，乃至人生的認識顯然有限，因而表現出來的，只是一種無知的強勁，一種似強實弱的強。真正的智慧，屬於謙遜的人。要擺脫人與事的困境，就難免要彎腰做人，但著眼於未來的成功，就一定要放下架子，該屈就屈，能屈能伸，以屈為伸方為英雄！

老子曾說：要受得住委屈，方能保全自己；經得起冤屈，事理才能得到伸直；低窪反能盈滿，凋敝反得新生；少取反而

多得，貪多反而癡迷。要在危難中保全自己，必須懂得這個道理。說到底就是以一種近於殘忍的狠勁對待自己。惟有如此，才能積蓄得下力量，不至於一下子就被人消滅。

當美國人寧捨美國車而改買日產車之際，美國車廠則發出不平之鳴。他們認為日本的工資較美國低廉，生產成本占有先天優勢，這是不公平的競爭，因此呼籲美國政府應該設法限制日本車的進口。

為了越過美國的保護政策以及用貿易逆差做擋箭牌來限制日本車進口，日本車廠乾脆移植到美國本土現產現銷。然而，當美國人知道豐田車能發出像寶馬同樣的關門聲，日產售價只有德國車的１／２，而本田車由 1976 年迄今已生產超過 500 萬台時，他們才如夢初醒，知道大勢已去！過去流行於國際車壇上「小車看日本，大車看美國，跑車看歐洲」，這句話恐怕也要改寫了。

正當美國人驚恐萬狀，憂心如焚，不知應如何應付日本人這種排山倒海的凌厲攻勢時，唯獨通用汽車公司的董事長羅傑·史密斯，開始默默地進行一項官僚組織與勞資結構的調整。這項關係著美國汽車工業生死存亡的大計畫，被命名為「土星」計畫。

史密斯是一個真正的策略規劃專家及成本分析高手。他著手「土星」計畫的第一步是消除個人對日本車的敵視，並且設法和豐田攜手合作。他認為事到如今，要擊倒日本，就必須加

入他們的行列。他說：和豐田的合作，至少可以讓通用獲得日本最新汽車技術和管理方法。」冒著和敵人勾結的議論，他獨排眾議在董事會據理力爭，認為非如此通用將永無機會和豐田相抗衡。

「土星」計畫的第二步就是投資 30 億美元成立一個專門的公司，這個公司的特色就是生產設備在科技上的高度整合，從元件生產到裝配成車，均採取一貫作業的方式不必為外來核心零件的遲延而浪費時間。

最後，也是最重要的就是勞資結構的調整。史密斯認為成本降低是汽車競爭的關鍵，要和日本競爭，不降低勞工成本就一切成為空談。於是通用公司招兵買馬的物件是要有團結精神的人，條件是勞資雙方一起工作，共同決策，盈虧均沾，資方不得任意遣散勞工，勞工不得動輒罷工。此種工作模式自然吸引了許多優秀傑出的人才，投奔到通用的旗下。

「土星」肩負的使命是使美國的汽車工業脫胎換骨，再顯生機。經過長達 8 年的努力，「土星」終於在眾人矚目，千呼萬喚中問世。通用公司也透過重大改革，進入新的發展時期。

彎腰退步，並非是避讓，也非妥協，而是積蓄力量，等待時機，一旦機會成熟，便東山再起，重振雄風。

從無到有，從小到大，從貧到富，靠的是膽識、運氣和自知之明，更重要的是謀略和技巧，「該出手時就出手」，該彎腰時就彎腰。能屈能伸，有屈有伸，伸中能屈，屈中能伸，此乃

成功之道也。

屋簷下面要低頭

人在一生中總會有不同的際遇，不同的處境。順風好行船，逆境難為生；位高好成事，位卑難做人。但歷數古今中外得大成之人，無不是善處逆境和善待位卑的智者。他們能伸能屈、能俯能仰，從不把自己看得比別人更高貴、更顯赫。特別是在屈尊和低就於別人的時候，更能顯出低調做人的風範。

有志者，將「低頭」當作磨煉自己的機會，不斷豐富、充實自己，以圖將來東山再起；那些經不起困難和挫折的人，往往會徹底失去希望，畏縮不前，不願想法克服眼前的困難。

隋朝的時候，隋煬帝十分殘暴，各地農民起義風起雲湧，隋朝的許多官員也紛紛倒戈，轉向農民起義軍。因此，隋煬帝的疑心很重，對朝中大臣，尤其是外藩重臣，更是易起疑心。唐國公李淵曾多次擔任中央和地方官，所到之處，悉心結納當地的英雄豪傑，多方樹立恩德，因而聲望很高，許多人都來歸附。這樣，大家都替他擔心，怕遭到隋煬帝的猜忌。正在這時，隋煬帝下詔讓李淵到他的行宮去覲見。李淵因病沒有去，隋煬帝很不悅，多少有點猜疑之心。當時，李淵的外甥女王氏是隋煬帝的妃子，隋煬帝向她問起李淵沒來朝見的原因，王氏回答說是因為病了，隋煬帝又問道：「會死嗎？」

王氏把這消息傳給了李淵，李淵感到事態嚴重，就更加謹

慎起來。他清楚自己遲早會為隋煬帝所不容，但現在起事又時機不成熟，就只好縮頭隱忍，等待機會。於是，他故意廣收賄賂，敗壞自己的名聲，整天沉湎於聲色犬馬之中，而且大肆張揚。隋煬帝知道後，果然放鬆了對他的警惕。

試想，如果當初李淵不低頭，或者頭低得稍微有些勉強，很可能就被正猜疑他的隋煬帝所殺掉，哪裡還會有後來的太原起兵和大唐帝國的建立。

要想平安活在世上，須得牢記不忘低頭。一個人在弱勢的時候，主宰不了世界，只好任由世界主宰。所謂的「屋簷」，說明白些，就是別人的勢力範圍。只要你在這勢力範圍之中，並且靠這勢力生存，那麼你就在別人的「屋簷」下了。這「屋簷」有的很高，任何人都可抬頭站著，但這種屋簷不多，以人類存在著的排斥「非我族群」的天性弱點來看，大部分的「屋簷」都是低的。也就是說，進入別人的勢力範圍時，你會受到很多有意無意的排斥。這種情形在所有人的一生當中幾乎都出現過，除非你有自己的一片天空，是個強人，不用靠別人來過日子。可是你能保證一輩子都可以如此自由自在，不用在人「屋簷」下避避風雨嗎？所以，在人屋簷下的心態就有必要好好做些調整了。

有一位大學生，他找到了一家貿易公司的工作。他能力很強，也很上進，工作十分努力，但一直幹了幾年，他還是沒有提升的機會，當時與他一起進公司的人有的都做了主管，可他

還是一個最底線的員工。其實，同事們都知曉其中的原因，只是他老是想不清楚。

有一次，他的主管正和公司老闆一起檢查工作，當走到他的辦公室時，他突然站起來，對自己的主管說：「經理，我想提個意見，我發現我們部門的管理比較混亂，有時連一些客戶的訂單都找不到。」也許他說的是事實，但此事的後果就可想而知了。

也許你會說，這個人也是為了公司的利益，並且想改進工作。是的，他的本意不錯，但我們要瞭解人性的另一個方面，誰也不願讓人當眾出醜，即使有些人能做到前仇不計，但忘不掉當眾受辱的難堪的人更多！所以這件事可能會產生一些潛在的後果：一方面雙方心裡都有疙瘩，受到指責的人因為有損自尊，終究不能釋懷；指責他人者心理也總是擔心挨整，時時提防。另一方面可能埋下了將來爭鬥的種子，表面上看起來平靜無波，主管當場接受意見，但心裡可能耿耿於懷，要伺機報復。

古人說：「小不忍則亂大謀。」即使是在今天，「人在屋簷下，不得不低頭」仍不失為我們為人處世的訓辭，只是我們認為這條訓辭中充滿了無奈、勉強、不情願，這種「低頭」太痛苦，因此這句話應改為「人在屋簷下，一定要低頭」！

只要是在別人的屋簷下，就一定要低頭，不用別人來提醒，也不要等撞到屋簷了才低頭。這是一種對客觀環境的理性認知，是審時度勢後一種明智的選擇。做這種選擇起碼有幾種

好處：一是不會因為不情願低頭而碰破了頭；二是不致因為自尊自大而招嫉恨以致成為被人打擊的目標；三是不會因為沉不住氣而執意要把「屋簷」拆了，要知道，不管拆得掉拆不掉，你總是要付出代價的；四是不會因為不忍屈就而離開「屋簷」，離開不是不可以，但是要去哪裡必須考慮，而且離開後想再回來就不容易了。

總而言之，「一定要低頭」的目的是為了讓自己與現實環境有一種和諧的關係，把二者的抵觸和摩擦降至最低；是為了保存自己的能量，好走更長遠的路；是為了把不利環境轉化成有利環境。這是處世的一種懷柔、一種權變，更是行走社會的生存智慧。

「在人屋簷下」是人生必經的過程，它會以很多不同的方式出現。當你看到了「屋簷」時，請不要「不得不」，而是要告訴自己「一定要」低頭。何況「東家不打打西家」，到哪兒不是低頭呢？為人做事向別人低頭總是會順一些。身處弱勢，總得忍上一忍，把頭低下來，這才是明智之舉。

忍辱負重，方能謀遠

「忍辱負重」意指為了重任而忍受暫時的屈辱。《三國志》中寫道：「國家所以屈諸君使相承望者，以僕有尺寸可稱，能忍辱負重故也。」「忍辱負重」由此而來。

建安二十四年，東吳大將呂蒙因病向孫權推薦陸遜接替他

的職務，抵抗蜀將關羽。呂蒙對孫權說：「陸遜處事謹慎，才堪負重，我看他頗有謀略，終可擔當大任。而現在他還沒有大的名氣，不為關羽所重視，若用他來接替我，對外隱藏真實意圖，對內明察形勢、相機而動，荊州可取也。」後來陸遜果不負眾望，以驕兵之計使關羽放心地離開荊州進攻襄陽，陸遜則乘機攻克公安，奪取荊州，最後導致關羽首尾不能相顧，被東吳部將斬殺。

黃武元年，劉備因嫉恨東吳斬殺關羽，率兵進犯東吳，孫權又以陸遜為大都督率兵抗敵。陸遜因謀略過人，調度有方，結果大敗蜀軍，劉備敗退白帝城。

當初，陸遜為大都督抵抗劉備來犯時，身邊的將領多是孫策時代的舊臣名將，有的是王公貴族。他們驕傲自負，不大聽從陸遜調遣。陸遜按著寶劍說：「劉備天下聞名，連曹操也懼他三分，今率兵犯境，實則是強敵壓境啊！諸君共用國恩，當團結一心，共同抗敵，以報國恩。現在大家不能團結一心，聽從調令，實在太不應該了。我雖一介書生，但受主上宏恩當此大任。國家之所以讓諸君聽命於我，是因為我還有一點可以稱道的優點，就是能忍辱負重罷了。現在各負其責，豈能推辭，軍令如山，不可違犯啊！」

陸遜正是因其處事謹慎，才謀超群，能忍辱負重的良好風範而成為三國時的一代名將，為後人所傳頌。

在人際關係中，要深諳「忍」經。因為在任何時間、任何

六、委曲求全，不爭善勝

場合，都會有問題存在。有些問題無法解決，有些問題無法很快解決，更有些問題不是自己的能力所能解決的。所以也只能忍！不能忍的人雖可以暫時解除心理的壓力，但終究會自毀前程，失去長遠的利益。

《史記》一書總結記載了上起黃帝，下至漢武三千年的歷史，對後世史學和文學的發展影響深遠。卻不知《史記》的成書過程異常艱辛，是其作者司馬遷忍辱負重而得以成就的。

司馬遷曾因上書為李陵說話而獲罪被關入大牢，最後慘遭宮刑，這是令人極為羞恥屈辱的事。出獄後雖仍任中書令，但普遍被人們所輕賤。他說自己當時的境地：家中貧困，沒有錢救贖自己；朋友也不出手相救，連左右親近的人都不為他說句話。人不是沒有知覺、沒有感情之物，現在卻只能與獄吏為伍，被囚禁在偏遠孤寂的牢獄之中……他用「九轉回腸」來形容自己當時所受的痛苦煎熬。環境險惡，似乎天下之大，卻無他容身之處。但司馬遷並沒因此而消磨了自己的意志，他心中仍一如既往的堅守著自己的信念。他說：文王被拘而演《周易》；孔子困厄而作《春秋》；屈原被放逐而作《離騷》；左丘失明而作《國語》；孫子腿殘而作《兵法》；呂不韋遷蜀而作《呂覽》；韓非子被囚而作《說難》、《孤憤》。他以這些歷史上忍辱負重而成就大業的事例來勉勵自己。

他認為「人固有一死，死有重於泰山，或輕於鴻毛，用之所趨異也。」現在《史記》還沒完成，自己的信念和願望還沒實

現，不能輕易去死。因此他能夠「就極刑而無慍色」，即使被如此羞辱也不後悔。司馬遷最終因完成偉大著作——《史記》而流芳千古，成為人人敬仰的史學家，後人尊稱為「太史公」。司馬遷當時如果不能忍辱負重，後來又怎能成就如此的大業呢？可見忍辱負重並非懦弱。

當然，每個人遇到的情況都不一樣，因此什麼事該忍，什麼事不該忍，並沒有一定的標準，只能這麼說——當形勢比人強時，就要忍！所謂「形勢比人強」就是指客觀環境對你不利。譬如在企業裡受到領導者的羞辱，同事的排擠，或對自己目前的工作環境不滿意，可又沒有更好的去處；自己開個小公司，卻受到客戶的羞辱，想創大業，資本又不夠。當形勢比人強時，卻很難施展，仿佛困獸一樣。

有些人碰到這種情形，常會順著情緒來處理，像被羞辱了，乾脆就和他們吵一架，被老闆訓了一頓，乾脆就拍他桌子，然後走人。不敢說這麼做就毀了你一生，因為人生的事很難說，有時甚至會「因禍得福」、「弄巧成拙」！但不能忍，絕對會對你未來的事業造成損失。而事實是，不能忍的「因禍得福」的人不多，大部分人都不甚如意，總是要到中年了，才會感歎地說：「那時年輕氣盛啊！」其中的關鍵倒也不在於這種不能忍的人命運不好，而是不能忍的人走到哪裡都不能忍，不能忍氣、忍苦、忍怨、忍謗，他總是要發作、要逃避、要抗拒，所以常常形勢還沒好轉，他就垮了。

　　所以，當你碰到困境和難題時，想想你的大目標吧！為了大目標，一切都可以忍！千萬別為了「痛快」而揮灑你如怒火岩漿般的情緒，而「忍」不管對你的大目標有多少助益，但對你本身絕對是有好處的。

　　人生當中會遇到很多問題，如果你能以最低的姿態去忍第一個遇到的問題，你便學會了控制你的情緒和心志，以後碰到大的問題，自然也能忍，也自然能忍到最好的時機再把問題解決，這樣才能在人際關係中，無往而不利。

低調行事，高標獲求

　　當今時代，喜歡唱高調以成為一種時尚。有許多人，事情還沒有開始做就先頭頭是道的說出來；成功的可能性只有一點，首先就描述出一幅美好的藍圖；如果實在沒有什麼可說的了，那便進行「炒作」，因為他們唯一的目的就是：吸引所有的目光和注意，用一個虛幻的「前景」取得別人的支持，甚至把他拉進來，一起投入到一個連自己都沒有把握的事情中去！

　　在這個時代，也許是大家對成功的渴望太急切了，所以許多人都希望找到一種成功的捷徑！大家都如此急切，甚至導致心態扭曲，由「急切」變成了「急躁」！

　　事實上，高調出擊，不一定就意味著成功；相反，低調也不一定就意味著失敗。低調實際上是一種比高調更高明的策略。在目前的社會，低調不太「得寵」。這也難怪，在經濟社會

中，虛張聲勢比默默地做事更容易引起人的注意。特別是資訊時代發展迅猛的今天，在面臨著蜂擁而來的、不知道真假的資訊時，高調的態勢更容易在其中突出出來。可是，我們聽多了誇誇其談的論調，看多了外強中乾的行為，他們最終的結果卻是什麼呢？如果我們仔細觀察一下發生在我們身邊的事情，你可能就會發現，低調常常能做出高調所完成不了的事情。

在中國的歷史上，舜是第一個被稱為「大智慧」的人。根據歷史記載，舜出生後不久母親就離開了人世，後母生了一位弟弟「象」。孝順的舜儘管總是小心地侍奉後母和弟弟，但還是遭受了無數次的毒打。最後被逼無奈，舜選擇了離家出走，他一個人流落到曆山腳下開荒種地。

在清苦的生活中，舜依舊沒有一點怨言。他與當地的農夫和山林中的鳥獸生活在一起，他觀察周圍的事物，一切都是那麼溫馨和睦。於是舜觸景生情，作了一首首感人的樂歌。他的德行影響了周圍所有的人，農夫相互謙讓已開墾好的農田，漁民相互謙讓自己打魚的場地，陶匠則做出了更加精美耐用的陶器。舜成為人們學習的榜樣，人們從四面八方扶老攜幼遷過來，希望和舜成為鄰居。僅僅用了一年時間，他的周圍就會聚成村落，然後就擴大為城鎮、都市。最後，當時的天子堯將自己的兩個女兒娥皇和女英許配給了舜做妻子。這兩位聰明美麗的妻子給了舜無窮的力量，使得舜總能逢凶化吉，順利地通過了堯對他的能力所進行的考試。最後，堯將天子之位禪讓於舜。

六、委曲求全，不爭善勝

舜用低調的方式成為天子，是真正的「大智慧」。但是，舜的大智慧卻沒有使用什麼心計，事實上，他的「大智慧」都是以「低調」來襯托的。舜從未有意識地去獲取民心，也並沒有處理任何複雜事務的知識。但是由於有了純樸、堅強、虛心的資本，他最終還是取得了所期望的勝利。

舜的勝利說明低調在智慧中具有不可替代的作用，這種智慧受到當時許多學者的稱讚，一時之間，甚至成為一種「時尚」，許多聖人都不願意出名，不願意擔任引起公眾注意的官職。他們推脫的職位中，甚至有宰相！

在春秋時期，激昂是一種主流的態度。所有的人做事，無不以剛烈、血性為榮。一直到漢代，儒家思想才逐漸取得了統治地位。儒家思想中，強調「中庸」之道，所謂中庸，其實是一種自處的學問，透過自我價值的肯定，顯出一種鋒芒不太露的氣質，低調而有內涵。其實，很少有人像項羽、關羽那樣激昂地走過一生。但是我們誰也不會說他的內心就不激昂。低調僅僅是一種平和的心態，低調恰恰就是真正的激昂！

有位人生專家說過，人一生中能夠確立自身根基的事不外乎兩件：一件是做人，一件是處世。而歷覽古今，縱觀中外，最能保全自己，發展自己和成就自己的人生之道便是：高標處世，低調做人。所謂「捧著一顆心來，不帶半根草去」，「以出世的精神做入世的事情」，就正是這一標準的生動注解。

我們翻閱歷史，注目現實時，往往還會發現：大凡高標處

世者，其做人的基調都很低；大凡低調做人者，其處世的標準都很高。於是是就產生了一種奇妙的因果：越是低調做人者，往往越能成就大事；越是功成名就者，往往越是低調做人的典範。誠然，高標處世不僅可以激發人的志氣和潛能，而且可以提升做人的品質和層次。而生活在世間，行走於社會，既做事，就不能自外於人，自外於人無異於自絕生路。而自絕生路者，又能做成何事？因此，欲成事者必要見容於人，進而才能為人們所悅納、所讚賞、所欽佩，這正是人能建功立業的根基。

低調做人既是一種姿態，也是一種風度，一種修養，一種品格，一種智慧，一種謀略，一種胸襟。低調做人不僅可以保護自己、融入人群，與人們和諧相處，也可以讓人暗蓄力量、悄然潛行，在不顯不露中成就事業；不僅可以讓人在卑微時安貧樂道，豁達大度，也可以讓人在顯赫時持盈若虧，不驕不狂。

低調行事，高標獲求，我們便能獲得一片廣闊的天地，成就一份完美的事業，更重要的是，我們能贏得一個涵蘊厚重、豐富充沛的人生。有鑑於此，我們做人的焦慮和處世的惶惑就能夠冰消雪釋了。

假癡不癲，大巧若拙

「假癡不癲」，是指裝聾作啞，癡癡呆呆，而內心卻特別清醒。大巧若拙是「假癡不癲」的最高境界，若能有定力堅持自己的糊塗，擾亂對手的視聽，才能做到虛而實之、實而虛之，無

六、委曲求全，不爭善勝

謀而謀、無為而為的智慧和謀略。

說得簡單一點，就是智者裝糊塗。智者為什麼要裝糊塗呢？其實也就是一種韜晦之計，是一種故意示弱以麻痺敵人的以退為進，以柔克剛之策。從某種意義上說，這種「假癡不癲，大巧若拙」的方法也有苦肉計的成分在內，它會使人的意志受到壓抑，身心受到折磨。但是，只要能夠受得住這種壓抑與折磨，就一定能夠笑到最後。

三國時期，魏國的魏明帝去世，繼位的曹芳年僅八歲，朝政由太尉司馬懿和大將軍曹爽共同執掌，曹爽是宗親貴胄，一向行事飛揚跋扈，他用明升暗降的手段剝奪了司馬懿的兵權。司馬懿立過赫赫戰功，如今卻大權旁落，心中十分怨恨，但他看到曹爽現在勢力強大，一時恐怕鬥他不過。於是，司馬懿稱病不再上朝，曹爽當然十分高興。

一次，他派親信李勝去司馬家探聽虛實。司馬懿早已看破曹爽的心思，早有準備，李勝被引到司馬懿的臥室，只見司馬懿病容滿面，頭髮散亂，躺在床上，由兩名侍女服侍。李勝說：「好久沒來拜望，不知您病得這麼嚴重。現在我被命為荊州刺史，特來向您辭行。」司馬懿假裝聽錯了，說道：「並州是近境要地，一定要抓好防務。」李勝忙說：「是荊州，不是並州。」司馬懿還是裝作聽不明白。這時，兩個侍女給他餵藥，他吞得很艱難，湯水還從口中流出。他裝作有氣無力地說：「我已命在旦夕，我死之後，請你轉告大將軍，一定要多多照顧我的孩子

們。」李勝回去向曹爽作了彙報，曹爽喜不自勝。

過了不久，天子曹芳要去濟陽城北掃墓，祭祀祖先。曹爽帶著他的三個兄弟和親信等護駕出行。司馬懿聽到這個消息，認為時機已到。馬上調集家將，召集過去的老部下，迅速占據了曹氏兵營，然後進宮威逼太后，歷數曹爽罪過，要求廢黜這個奸賊。太后無奈，只得同意。司馬懿又派人占據了武庫。等到曹爽聞訊回城，大勢已去。司馬懿以篡逆的罪名，誅殺了曹爽一家，終於獨攬大權。

這種謀略也常常被用於商業經營之中：經營者為了掩蓋自己的企圖，常以假癡來迷惑眾人。

在美國西部的某城有發生過一件有趣的事。有兩家專賣廉價商品的商店，一家名叫美國廉價商店，而另一家則稱紐約廉價商店。這兩家的店面相鄰，但店主卻是死對頭。長期以來，一直就各自商店的銷售進行著激烈的競爭。

比如，紐約廉價商店的櫥窗中掛出廣告：出售亞麻布被單，瑕微疵小，價格低廉，每床售價 6‧50 美元。但沒過多久，隔壁美國廉價商店的櫥窗裡赫然出現了這樣一則廣告：我店的被單與隔壁的相比，猶如羅密歐與朱利葉的親密關係一樣，注意價格：每床 5‧95 美元。這樣一來，擁向紐約廉價商店的人們看到隔壁賣的比這裡更便宜，馬上轉而擁向另一家美國廉價商店，只消片刻，被單就被蜂擁而至的人們搶買一空。

像這樣的競爭在這兩家商店之間可以說從未間斷過，而附

近的居民卻從中獲得了巨大的利益。除了利用廣告相互壓價競爭外，兩家商店的老闆還常常站在各自的商店門口，相互指責、對罵，甚至拳腳相加，只有當有一方敗下陣來，才能停止這場殘酷的「戰鬥」。這時等待已久的市民們則好比在比賽場上聽到起跑令一般擁向勝利一方的商店，將店內的商品一搶而空，不論能買到什麼樣的商品，他們都感到很愜意。

幾十年過去了，兩家商店的主人也老了。突然有一天，美國廉價商店的老闆失蹤了，鋪面上了鎖。大家再也看不到他們相互競爭的精彩場面了，感到很茫然，心裡好像缺了點什麼。每天都在盼望出現奇蹟：鋪面又開張了，兩家店主人開始「戰鬥」。但奇蹟沒有出現。過了一段時間，紐約廉價商店的老闆也將自己的商店拍賣了，隨後也搬走了。從此，附近的居民再也沒有見到過這兩個帶給他們刺激和利益的怪人。

終於有一天，商店的新主人前來清理財產時，發現了一樁令人費解的事情：兩家商店間有一條秘密通道相連，在樓上還有一道門連接兩家老闆的臥室。大家都有些驚訝，猜不透昔日「仇敵」的臥室為什麼會相通。

經過調查得出了一個讓人譁然的結果：這兩個死敵，原來竟是一對親兄弟，他們平時的咒罵、威脅、互相攻擊，都是人為扮演的。所有的「戰鬥」都是騙局。因為在他們兩個人的「戰鬥」中，不論哪一方勝利了，只不過是由勝利一方把失敗一方的貨物一齊賣掉罷了。幾十年來，他們利用了人們的求廉心理，

透過不間斷的「戰鬥」蒙蔽了當地的消費者，也從中賺取了巨額的利潤。

　　把此計應用到生活之中，也不失為一種高壓下求生的巧妙方式，生存之道。做人不要太聰明，太聰明、太精明了，別人就會防著你，要瞭解一些真實情況就不太容易。這也就是一些有才有識的人在生活中感到特別孤獨的原因。明智之人是不會誇張或炫耀的，只會以實力讓人信服。凡事總覺得自己最好，若不是太過自大，就是太過自卑！因此，不要炫耀自己的聰明才智，適當的「裝點傻」，不失為聰明之舉。

厚著臉皮做事，夾著尾巴做人

　　「人要臉，樹要皮」，自古以來是做人的美德。但有些時候也不能過頭，過分的要臉面，有時也會害了自己。再說也不一定做得完全正確。人不要臉，是不要對健康有害的臉面。由官變成平民也好，由富翁變成窮光蛋也好，不要因為一些沒有用處的臉面，而毀了自己。中國民間有句俗話：「臉皮厚，吃個夠；臉皮薄，吃不著。」雖然有點市儈，但也不能說一點道理也沒有。

　　自古以來政治和軍事家都以臉厚著稱，而且都借厚戰之術得以成功。如果為人內向靦腆，不能忍受各種處世交往中的屈辱，過於顧及自己的虛榮心，就不能夠與朋友相處，與敵人交鋒。更不能抓住機會顯示自己，從而使出眾的才智淹沒在芸芸

眾生裡，豈不可惜。

　　三國鼎立，臉皮厚是成就霸業的劉備的政治特長。開始他既無軍事實力，又無從政經驗，只能依靠所謂汗室宗親的虛名投靠親友。為了取得一塊棲身之地，他先後投靠曹操、呂布、劉表、袁紹、東跑西竄，寄人籬下。而且為了達到政治目的和收買人心的效果，他不顧政治家的顏面，以善哭著稱。為了獲得支持，他哭；為了贏得同情，他哭；為了逃避災難，他哭；所以俗語有云：「劉備的江山是哭出來的。」但能夠哭，善於哭，哭的真切，哭的不顧臉面就不是一般人能夠做到的了，這就是劉備的厚戰本領。

　　有一個笑話說，某人問「世界上最堅硬的東西是什麼？」另一個人回答「是鐵吧」。發問的人說：「錯了，是鬍子。你看不管多厚的臉皮都能穿過。」傳統社會中，對臉皮厚的人多是貶低之詞。但今天時代不同了，一般人要想獲得出頭機會，就必須豁出去推銷自己，這也是成功的一大韜略。

　　英格麗‧褒曼從小就夢想成為一名電影明星，但她的監護人奧圖叔叔卻想讓她當一個售貨員或者什麼人的秘書。18歲那年，奧圖叔叔給了她一次機會，讓她去參加皇家戲劇學校的考試。如果考不上，就必須服從他的安排。

　　進入考場後，英格麗‧褒曼一絲不苟地表演著精心準備的小品。但無意中朝評判席上的一瞥，使她大失所望。她看到評判員們在漫不經心地聊天，說笑著，比劃著，一點兒也沒有在意

她的表演。英格麗‧褒曼絕望了，甚至連後面的臺詞也忘掉了。這時，她聽到評判團主席說：「好了好了，謝謝你小姐！下一個……」英格麗‧褒曼腦海裡一片空白，什麼也看不清，什麼也聽不清，世界一下子模糊了。她走到一條河邊，想在那裡結束自己的生命，但因為河水太髒，臭氣熏天，最後動搖了。第二天，一件讓她終生難忘的事發生了——她收到了皇家戲劇學校的錄取通知書。

若干年後，英格麗‧褒曼與那位評判團主席邂逅。說起當年的情景，他立刻睜大了眼睛：　「真是天大的誤會。那天你一上臺，我們就一致認為你選中了。你是那麼自信，我們都很欣賞你的颱風。我對另外幾個評判員說：「好了，別浪費時間了，叫下一個吧。」

一個不大不小的誤會，險些葬送了一個國際影星。究其根本，還是在於英格麗‧褒曼臉皮太薄。

仔細一想，厚臉皮其實是「勝固欣然敗亦喜」的平常心，是「走自己的路讓別人說去吧」的勇氣，是愈挫愈奮、百折不撓的堅忍，是抱負遠大、志在高遠的胸襟，還有志在必得的自信。歸根結底就是心理素質好，實為當今成功者所必備。

「夾著尾巴做人」在此也沒有絲毫貶損的意思，反而是做人的一種高境界。在狩獵時代，那些尾巴翹得高的野獸容易被發現，結果小命也就在翹尾巴的時候沒了。所以，聰明的獸類在感到有「敵情」的時候，首先幹的事便是把尾巴夾起來，以

減小目標，做好隱藏或逃遁的準備。人的貓腰動作可能就是當初未進化時的夾尾巴，只不過後來尾巴退化了，就只好用縮身來替代。

聰明的人類從野獸的夾尾巴中受到了啟發：原來這夾尾巴做人，比夾著尾巴當獸更能保護自己，它能讓人在屈伸之間找到了擺平關係的法寶。那麼，人夾著尾巴做人，是防誰呢？誰是我們人類最大的敵人呢？是「權力」。凡人與凡人之間的嫉妒，僅僅能導致嫉妒者眼紅，若沒有「權力」的介入，嫉妒只能傷害自己。可當嫉妒是權威者的心態時，翹尾巴的那個傢伙就要留心了。只要有專權，只要是人治，就容不得其他人翹尾巴。中國自秦朝開始，就只允許一個人翹「尾巴」，其他的「尾巴」從此就得夾起來，誰要是沒夾好自己的尾巴，就會成為眾矢之的。

可當今已經不是皇帝的時代了，為什麼還要夾著尾巴做人呢？因為現實證明，凡是不夾著尾巴的人，命運都不太好。社會需要厚著臉皮做事，夾著尾巴做人的人，長官需要，大家都需要。厚著臉皮做事，夾著尾巴做人的人是永遠可以長久存在下去的人，是永遠可以得到許多「好處」的人，這樣的人無論在什麼時候都可以立於不敗之地。

「逢人捨得三分笑」，加厚原本薄薄的臉皮，夾起原本翹得高高的尾巴，當一隻乖乖的綿羊，或許也是當今和諧社會創建路途上的一劑良方，服下去，便會換來我們期待的「和諧」。

硬碰硬不如軟糊塗

一個有著大智慧的人，在追求成大事的道路，往往會「隱藏才智」。因為，在未得勢時，若鋒芒太露，則易遭到小人的攻擊。在得勢時若鋒芒太露，也易脫離大眾，成為孤家寡人。誰都不期望別人太耀眼，你太奪目了，其他人就會黯淡無光，就會變得更加自卑。

因此，只有在不被人關注的職位上工作，才會很少與他人發生矛盾，由於你的秘密不容易被人知曉，便可以節省許多用來應付不必要的煩惱和應酬的寶貴時間，靜下心來做自己的事，向自己追求的目標奮進。所以我們要作一番事業，在實力和規模還不足以與人「硬碰硬」的時候，就不能與人家硬拼，而應該在不顯山不露水中悄然發展。

當年，秦軍主力與項羽會戰時，劉邦決定由南陽入武關攻秦，張良反對硬拼，勸劉邦以重寶招降秦將賈豎。而當賈豎同意投降時，張良又恐士卒不從，乘敵懈怠之機，一舉破之。結果直下咸陽，擒秦王子嬰。

鴻門宴後，項羽入關中，殺秦王子嬰，燒掉了阿房宮。項羽自封西楚霸王，分封天下諸侯王，聽信范增之計，封劉邦為漢王，實際上想困死劉邦於巴山蜀水之間。劉邦怒不可遏，想與項羽決一死戰。蕭何與張良勸劉邦暫忍一時，以圖大事。漢王劉邦率師就國。張良因顧戀韓王，不得已和劉邦作別，臨別獻上一計——火燒棧道。這棧道是聯繫漢中和東邊各國的唯一

通道。燒掉之後，一是表示無意東歸，讓項羽安心；二是防範各國，杜絕出入，使之知難而退，不敢入犯。果如張良所料，使項羽上當。項羽放心地率軍東歸彭城，而劉邦卻拜將韓信，養精蓄銳，與民休息，擴軍備戰，乘項羽後方烽火四起無暇西顧之時，明裡派老弱病殘修復棧道，暗裡卻出奇兵於陳倉，一舉收復三秦，殺出了關中，終於以布衣取得了天下。

這種「軟糊塗」做法，無論是在戰場、官場還是生活中都屢見不鮮，而且往往能夠出奇制勝，收到奇效。

古時候，在中國北方邊境地區，有兩個部落之間發生爭戰，結果一個部落被打敗，勝利者決定殺死被打敗部落裡的十歲以上的所有男人，以絕後患，但有一個十四歲男孩卻倖免於難。

當一個首領將矛刺向臥伏在草叢中的這個男孩的時候，被另一個頭目制止住了，原因是這個大男孩看起來很愚鈍，當矛刺向他的時候，他卻依然傻乎乎地看熱鬧，即不知道求饒，也不知道反抗和逃跑。於是，這個男孩便得以倖存，與其他十歲以下的男童被當作未來的奴隸留了下來。但事實上，那個男孩非但不傻，而且智慧超群，他的名字叫關山。在他二十九歲的時候，他率領本族人最終打敗了他的仇敵，報了血海深仇。

如果當初不是他裝出很呆滯、很柔弱的樣子，早就被殺死了。可見，在處境不利於自己生存和發展的時候，讓自己不引人注意或者不使人關注，就能保全自己的有生力量，以圖東山

再起，另謀大計。

在生活中，「軟糊塗」使得做人有人緣，做事有機緣，糊裡糊塗卻總是笑到最後。因此，糊塗不是昏庸，而是為人處世豁達大度，拿得起，放得下。「軟糊塗」告訴人們不要過於執著。在生活中，真正的聰明人都是懂得「軟糊塗」的。他們遇到任何事絕不自作聰明，大發議論，相反他們總是做出一副什麼都不知道、什麼都不清楚的樣子，躲躲閃閃裝糊塗。這樣的人心知肚明，但是什麼人也不會得罪。他們的生活中能夠左右逢源，活得逍遙自在。

《四十二章經》中說：「人之隨其情欲而追求華名，就像燒香日寸眾人雖聞其香，而香則仍然自熏自燃。」佛教對人們不懈地追求沒有任何實際價值的名聲的行為一向是貶斥的。日蓮和尚曾說：「被愚人所稱讚乃是最大的恥辱。」

人們不懂得名聲都是虛幻不實的，時常有人稍有名氣就到處洋洋得意地自誇，喜歡被一些人奉承。聰明人知道，名聲沒有實體，它僅僅是偶爾因人們的喧嚷與傳播而被人們談論的話柄。一個具有高深德行而又能淡泊名利的人，一定會被那些熱衷名利的人所懷疑；一個言行謹慎處處檢點的君子，常常會遭到那些邪惡放縱肆無忌憚的人的嫉妒。所以，當不幸處在這種既被猜疑而又遭嫉恨的惡劣環境中時，最好不要嘩眾取寵，而應憑藉自己的才華和節操創造立世的根基。

釣過螃蟹的人都知道，簍中放了一群螃蟹，不必蓋上蓋

子，螃蟹是爬不出去的，因為只要有一隻想往上爬，其他螃蟹便會紛紛攀附在它的身上，結果是把它拉下來，最後沒有一隻出得去。

動物如此，人又何嘗不是呢？如果你下決心要做一件事，是不是要讓別人知道呢？如果你不是未成年人，也不是極貧極弱，千萬不要讓人知道。親友要是知道了，會把他們的經驗、想法甚至是想像的東西統統講給你，讓你無法分辨、無所適從。你的對手或者敵人要是知道了，更會千方百計地給你出難題設障礙，即使最終你的目的達到了，也是疲累欲死，滿身傷痕。

所以說，人活著，學會隱藏自己的意圖非常重要。一方面，它可以使你始終保持清醒的頭腦，避免自誤；另一方面也可以借此迷惑你的對手和敵人，減少他擾，等到他們驚覺時，你早已是一騎絕塵，他們也只有望而興歎的份了。

學會推功攬過

爭功諉過是影響團結的腐蝕劑，實際上，「功」是爭不來的，「過」是推不掉的。有錯要改不要蓋，有過要攬不要推。爭功諉過是個人主義的不良習氣，是影響團結的離心力；而默默奉獻，推功攬過則是一種崇高的修養和思想境界，能產生維護團結的向心力。

《左傳》記載，魯國與齊國作戰，魯軍大敗，作為統帥之一

的孟之反留在後面掩護大軍撤退。當大家都安全撤回而迎接他最後到達時，他卻故意鞭打著馬說：「不是我甘於殿後，而是我的馬跑不快呀！」孔子因而讚揚他不自誇的謙遜精神。其實，孟之反不自誇，謙遜只是原因之一。原因之二還在於他不願居功，以免引起其他將領和同僚的妒忌。

謙遜也好，不居功以免妒忌也好，都是立身處世的藝術。尤其是在人際關係複雜的環境下，不鋒芒畢露，不居功自傲的確是非常高深的修養。對於一般人來說，能夠做到不爭功就不錯了，哪裡還能把自己本來就有的功勞推到一邊去呢。正因為孟之反將軍有這樣高深的修養，所以就連聖人也對他大加讚賞。

劉秀打天下之初，潁川的馮異就投奔到他的部下，被封為主簿。馮異自投奔劉秀，就認定劉秀是位賢明的開國之君，因此，忠心耿耿，誓死效力。劉秀初起，兵力並不強大，糧草供應也十分窘迫，經常連飯都吃不飽。

一次，劉秀率兵奇襲饒陽，遇上三九嚴寒，又兩天未吃飯，真是饑寒交迫！劉秀多想吃上一頓熱湯飯啊！可是，四周空空蕩蕩的。但馮異硬是想方設法，為劉秀準備了一碗熱湯飯。類似瑣事還很多，不能一一表述。這些事情，給劉秀以深深的感激和印象。

跟隨劉秀二年後，劉秀見馮異有大將之才，就將部隊分出一部分，讓他帶領。不久，因他征戰有功，被封為應侯。在劉秀麾下的將軍之中，馮異治軍有方，愛護士卒，深得部屬擁

戴，因此，士兵都願意在他的部下作戰。

每次大戰之後，劉秀都要為將軍們評功進賞。這時，各位將軍都為爭功得賞，大喝小叫，以致拔劍擊樹，吵得不可開交。馮異卻從不爭功爭賞，每次都獨自靜坐在大樹下，任憑劉秀評定，於是大家就給他取了個雅號，叫「大樹將軍」。

劉秀稱帝後，各地仍戰亂不停，但大局已定。劉秀定下策略，以平定天下、安撫百姓為主。左思右想，選定馮異率兵從洛陽西進，以平定關中三輔地區。馮異率領大軍，一路安撫百姓，宣揚劉秀的威德，所到之處，紛紛歸順，沒有幾個月，就完全占領平定了關中、三輔地區，替劉秀又一次立下了汗馬功勞，馮異被拜為征西大將軍。

接著，馮異又連續平定數地，威勢益震。這時，有奸人在劉秀面前挑撥離間說：「馮異現在在外面，名聲大得很。他到處收買人心，排除異己。咸陽地區的老百姓，都稱呼他為『咸陽王』。皇上，你可得提防著點啊！」、

劉秀聽了，讓人把話傳給馮異。馮異知道後，十分緊張，馬上向劉秀上書自白，請劉秀不要聽信讒言。漢光武帝真不愧一代賢君，收到馮異的信後，馬上回信說：「將軍你對國家和朕說來，從道義講是君臣關係，從恩情講如同父子關係，你根本不用介意奸人的語言。」 為了表示誠意，劉秀把馮異的妻、子都送到咸陽，還給他更多的封賞與權力。而馮異一直到去世，都盡忠王事，而且從來不自居其功。

古語講「功高蓋主」,「狡兔死,走狗烹」。馮異戰功赫赫,兵權在握,若非劉秀是一代賢君,恐怕早已身首異處。另一方面,馮異從不以功自居,堅守舊有的正道,也是終保榮華平安的一個原因。所以,在下者對在上者,切忌以功自居。

　　在日常生活裡,在企業群體中,居功自傲也並不是一件好事。因為,我們無法排除自己會不會正處在一個妒賢嫉能的人際圈子裡,如果是這樣,「居功」已屬不妙,更何況「自傲」呢?我們在企業裡難以保證所有的經營者都是「賢達開明之主」,本來,下屬的「功」對企業以及對他本人是極為有利的,但對居功者,他同樣會心存嫉妒或感到不舒服,他們會由此而疑懼你心存二意,「萬一哪天你投向競爭對手那邊該怎麼辦?」而「自傲」更加刺激了這一系列的心理反應。

　　換個角度來看,自傲對自己確實無益,除了導致人際關係緊張外,還會使自己喪失許多理性的東西。另外,居功自傲者身邊,由於其「功成名就」,容易出現一些「抬轎子」的人,他們當中有些人是出自對成功者的佩服尊敬,但往往不排除有那種別有用心之人——上房抽梯,讓你爬得高摔得重。

　　因此,在利益面前默默告訴自己,先讓給別人吧。比如你的合作單位送了你幾張最近非常流行的大片的電影票,你可以「狠」一下心,送給你最想感謝的主管,或者你覺得很辛苦的下屬,或者前幾天與你有點小摩擦的同事。或者年底評比優秀員工,如果你被選上,你可以告訴主管,把這個指標給我的下屬

吧，我覺得他更辛苦，其實你如果這樣做了，英明的上司會用其他的方式來肯定你的。

　　如此看來，透過後退一步或犧牲自己的局部利益，不僅能換取上司的信賴，同事的尊重，建立上下級、同事之間的密切關係，更能為自己以後的發展奠定良好的基礎。這不光是一種策略，更是一種品德。

七、知足不辱，知止不殆

　　知道滿足，你就不會受到屈辱；如果你適可而止，你就不會遭到危險，這樣就可以保持長久。不知足導致人們往往會用不正當不符合倫理的手段達到慾望的短暫滿足，而由此帶來的巨大精神壓力並不會帶來「常樂」，這正是因為沒有適可而止的精神和知足常樂的心態而造成的。禍莫大於不知足，咎莫大於欲得。故知足之足常足矣。

藏頭掖尾，收起鋒芒

無論是聽來的，還是書上看來的，古時越是身懷絕技之人，晚年越是崇尚隱岩谷、樂林泉，細想這確實是一種境界。

我們看武林小說，從未有什麼破不了的絕招，其結局往往弄刀的刀下死，弄槍的槍下亡。溺死的多是會水的。古來大凡隱士高手，之所以蟄伏龜居、深藏不露，無不是飽經風霜、深諳樹大招風帶來的禍患。所謂「水淺多小蝦，潭深藏蛟龍。」名人並非都是高人，高人往往不名。 因為他們深諳「天外有天，人外有人」的道理。

至於顯山露水之舉，還是多屬不知天高地厚所致。現實中越是窮人，往往硬充富有，為的是怕人瞧不起。而身價百萬、千萬、甚至上億的富翁出門，卻往往好花小錢，怕的就是露富招惹事端。武林間的庸人與高人之間的「顯」「隱」，或許與此理相關。

其實，無論官的大小、錢的多少，水準的高低，只要踏踏實實地做人，規規矩矩的處事，路再窄也會任君通行。反之，世界雖大，卻難免處處碰壁，輕則栽跟頭丟人現眼，重則毀了一生。

人在社會中，無時無刻不與社會發生著各種聯繫。其中最重要的便是順應社會。所謂順應社會，實際上就是如何調整自身在社會環境中的關係，再進一層講，本質上還是指調節與周圍人群間的關係。順應社會便是要把握尺度，在周圍的人群

中為自己爭得更高的地位和更多的利益而又不至於使別人對自己產生壞的印象。左右人群的關係處理不好難免會成為眾矢之的，終會慘遭淘汰。

　　處理與周圍人群的關係，說來容易，真正做起來，卻是極難的。這不像做一道練習題，也不像去市場買菜。所謂百人百性，與不同的人交往須得用不同的方法來應對。這就自然給人際關係的處理帶來許多想不到的意外之事。尤其是當代社會，商品經濟大潮洶湧澎湃，物慾橫流，人心不古，雖然捲起潔白的浪花，卻也帶起了渾濁的泥沙。很難說，別人的想法是怎樣的，現代人想法則更加封閉與隱秘。稍有不慎便很有可能陷入泥沼，失足難拔。

　　特別是現在的年輕人，總是希望主管或周圍的同事能在最短的時間內就知道自己是個不平凡的、很有才能的人。因而鋒芒太露，其結果，往往會適得其反。

　　有這樣一個人，應聘到某公司任職不久，部門經理就對他說：「老弟，我隨時準備交班。」說心裡話，當時他也是這麼想的，因為經理是自學成才的，知識和修養存在先天不足，而他則是大學畢業，並在外資企業已有五年的工作經驗，獨立有主見，工作能力強。由於個性率直，在討論一些工作問題時，他向來直來直往，為此他常與上司發生爭執。雖然經理有時對他也有一定的暗示，但他卻不以為然。久而久之，經理便漸漸疏遠了他，讓他漸漸失去了施展才能的舞臺。

七、知足不辱，知止不殆

這個人犯了一個不小的錯誤，那就是鋒芒太露，雖然他的能力確實超過他的上司，但他不知道上司畢竟是主管。在主管眼裡，下屬永遠比他差一截，他才會有成就感。你的能力比上司強，他本就坐立不安了，如果明目張膽地與他對著幹，哪怕你是無心的，上司也忍不住會對你施加壓力。

其實，如果仔細看看周圍那些有人緣的人你就會發現，他們毫無棱角，言語如此，行動也一樣。他們各自深藏不露，表面上看好像他們都是一些碌碌無為的庸才，其實他們的才能，往往不在你之下；他們好像個個都很訥言，其實是其中頗有善辯者；他們好像個個都胸無大志，其實是頗有雄才大略而不願久居人下者。但是他們卻不肯在言談舉止上露鋒芒，不肯做出眾人物，其道理何在呢？

俗話說：槍打出頭鳥。因為他們有所顧忌，鋒芒太露，很容易得罪其他人，為自己前進的路上製造障礙物。鋒芒太露，便要招惹旁人的妒忌，旁人妒忌也將成為你的阻力，成為你前進路上的破壞者。

年輕氣盛之人往往在語言表達上、行為舉止上鋒芒太露，樹敵太多，與朋友之間不能水乳交融地相處，究其原因就是因為狂妄自大，不知天高地厚。

有一個人在年輕時代以有「三頭」自負，即筆頭寫得過人，舌頭說得過人，拳頭打得過人。在學校讀書時，他是一員猛將，他不怕同學，不怕師長，以為他們都不及他。初入社會

還和在校時一樣的鋒芒畢露，結果得罪了許多人。但是還好總算覺悟得快，一經好友提醒便連忙負荊請罪，倒也消除了不少的嫌怨，但是無心之過仍然難免，結果終究還是遭受了挫折。俗話說，久病成醫，他在嘗夠了痛苦的教訓後，才知道自己鋒芒太盛就是自己為自己前途設下的荊棘，有時為了避免再犯無心之過，就故意效法古人之三緘其口，即使不得不開口，也是多方審慎。

當然，你也許會說，採用這種方法不是永遠沒有人知道了嗎？其實只要一有表現自己才能的機會，就要將其把握住，並做出斐然的成績來，大家自然就會知道你，讚賞你。這種表現本領的機會不怕沒有，只怕你把握不住，只怕你做出的成績不能令人滿意。如果你一旦有了真實的本領，就要留意表現的機會；如果你還沒有真實的本領，就趕緊努力學習吧。

學會嘲笑自己

幽默一直被人們稱為只有聰明人才能駕馭的語言藝術，而自嘲式的幽默又被稱為低調做人的最高境界。由此可見，能自嘲的必是智者中的智者，高手中的高手。

希臘哲學家蘇格拉底的妻子是個有名的潑婦，經常對蘇格拉底發脾氣，而蘇格拉底總是對旁人自嘲道：「討這樣的老婆好處很多，可以鍛煉我的忍耐力，加深我的修養。」 有一次，他老婆又發起脾氣來，大吵大鬧，很長時間還不肯甘休，蘇格拉

底只好退避三舍。他剛走出家門，那位怒氣難平的夫人突然從樓上倒下一大盆水，把他澆得像隻落湯雞。這時，蘇格拉底打了個寒顫，不慌不忙地說：「我早就知道，響雷過後必有大雨，果然不出我所料。」

顯然，蘇格拉底有些無可奈何，但他帶有自嘲意味的譏諷，使他從這一窘境中解脫出來，顯示了蘇格拉底極深的生活修養。

自嘲是缺乏自信者不敢使用的，因為它要你自己罵自己，也就是要拿自身的失誤、不足甚至生理缺陷來「尋開心」，對醜處、羞處不予遮掩、躲避，反而把它放大、誇張、剖析，然後巧妙地引申發揮、自圓其說，取得一笑。沒有豁達、樂觀、超脫、調侃的心態和胸懷，是無法做到的。可想而知，自以為是、斤斤計較、尖酸刻薄的人難以望其項背。自嘲誰也不傷害，最為安全。你可用它來活躍談話的氣氛，消除緊張；在尷尬中自找台階，保住面子；在公共場合獲得人情味；在特別情形下含沙射影，刺一刺無理取鬧的小人，讓對方感到臉紅，既解不快，又可起到訓誡作用，何樂而不為呢。

喜劇女演員卡洛·柏妮有一次坐在餐廳裡用午餐。這時，有一位老婦人走向她的餐桌，舉起手來摸摸卡洛的臉龐。當她的手指滑過卡洛的五官時，還帶著歉意說：「我看不出有多好看。」「省省你的祝福吧！」卡洛說。「我這個人真的沒有多好看。」素不相識而摸別人的臉龐，是絕對的無禮；當她假裝抱歉，其

實是大發醋意時，這位老婦人對年輕漂亮女人的嫉妒幾乎發展成了一種帶有惡意的尖刻。可以設想一下，如果她面對的是一個與她一樣放肆無禮而又心胸狹窄的人，人們也許將會目擊一場爭鬥。

可是，卡洛·柏妮表演喜劇，她深深理解喜劇與鬧劇的差異。所以，她神情自若，先把老婦人帶有攻擊意味的貶低說成是「祝福」，並請她停止「祝福」。然後，坦然地承認自己沒多好看，諷刺對方，而又嘲笑自己。在粗魯和蠻橫的侵犯面前，保住了自己的尊嚴，同時又表現出一種豁然大度的寬容厚道氣魄，從而在精神上戰勝了對方。引人發笑的成分不少，讓人起敬的成分更多。

凡是能操縱最高級的語言藝術──幽默的人已經是「智力過剩者」，那麼能用最高境界的幽默──自嘲作為武器者，便堪稱人情操縱場上的「無冕之王」，怎能不令人肅然起敬。

1930 年 2 月 9 日，蔡元培 70 歲生日，上海各界人士在國際飯店為他設宴祝壽，他在答謝時風趣灑脫地說：「諸位來為我祝壽，總不外要我多做幾年事。我活到了 70 歲，就覺得過去 69 年都做錯了。要我再活幾年，無非要我再做幾年錯事了。」賓客一聽，哄堂大笑，整個宴會充滿了歡聲笑語。試想，如果他擺出一副嚴肅相，一本正經地致答謝辭，就不會造成這樣輕鬆愉悅的氣氛。不過，使用自我解嘲這種「潤滑劑」要注意場景和情勢，在嚴肅的場合或悲痛的氛圍中就不宜用這種引人發笑

的「液體」。

總之，在社交場合中，自嘲是不可多得的靈丹妙藥，當別的招不靈時，不妨拿自己來尋開心，至少自己罵自己是安全的，除非你指桑罵槐，一般情況下是不會討人嫌的，智者的金科玉律便是：不論你想笑別人怎樣，先笑你自己。

貝利在一家大企業公司的運輸部門負責文書工作。當這個公司被另一個大公司合併以後，貝利就在人事變動的波流中沉浮不定。新來的同事似乎對他不大友善，直到有一天貝利運用了自嘲。「他們可不敢把我革職。」他解釋說，「因為什麼事我都遠遠落在人後。」

貝利用取笑自己的方式，博得了新同事的一笑，並幫助他建立起友善合作的共事關係。如果貝利這一句妙語真的顯示他確有將今天的工作拖延到明天的惡習，這也提醒地，使他更能自我瞭解。他以自我諷刺來客觀檢討自己的毛病——愛拖延，並改進自己的表現，因而能獲得成功。

在人際交往中，當在人前蒙羞，處境尷尬時，用自嘲來對付窘境，不僅能很容易找到臺階，而且多會產生幽默的效果。所以自我解嘲，自己搔自己的癢，使自己先笑起來，是很高明的一種脫身手段。

凡幽默者多是待人寬厚，與人為善的，其體現幽默使用者或作者意旨的幽默主角，往往不會處處與人為難，時時跟他人過不去，更不會無事生非。一般來說，他總是遇事退避三舍，

即使受到不公平的待遇或遭到令常人難以忍受的冤屈，往往也不會怨恨得咬牙切齒，憤怒得破口大罵，甚至拿出殺手鐧致對方於死地。但是，他也不是「蠢材」，他會以他獨有的寬容的方式來作出反應，也許帶一點嘲諷，當然更少了不自嘲。這樣，他往往就成了更高層次上的勝利者。

低姿態是最佳的保護色

在動物世界裡，「保護色」是很重要的生存法寶。「保護色」是指動物身體的顏色和周圍環境的顏色接近，當它在這個環境裡時，它的天敵便不易找到它。比如蚱蜢好吃農作物，它的身體是綠色的，這顏色便是它的保護色。因為有了「保護色」，大自然的各種生物才能代代繁衍，維持起碼的生存空間。而一般來說，具有擬態的生物往往兼有保護色，其生存條件較只具保護色的生物要好。

在人類的世界裡，最好的「保護色」就是「低姿態」。低姿態是一種謙虛，是一種尊敬，是一種友好，是一種禮儀。世間上凡是成熟的東西，都是呈現「低姿態」。例如稻穗成熟了，它就垂下頭來；果實豐滿了，它也是枝枒低垂。楊柳的枝條，也都是柔軟低垂的，所以任憑風吹雨打，未見柳樹折斷。

自古以來，凡成功者都懂得放低姿態。周文王棄王車陪姜太公釣魚，滅商建周成為一代君王；劉備三顧茅廬拜得諸葛亮為軍師，促成三國鼎立。這些都是我們耳熟能詳的故事，如果

七、知足不辱，知止不殆

沒有文王及劉備的低姿態哪能求得封君助王的赫赫成績，流芳百世。放低姿態，曾國藩自削兵權消除清王猜忌，以保晚節；放低姿態，卡內基遍訪能人以成其事；放低姿態，越王勾踐臥薪嘗膽光復國家；放低姿態林肯布衣之交當總統；放低姿態，司馬遷三十年苦著《史記》。他們用低姿態成就了大成功。

亞里斯多德說：「目標的高標準與身子的低姿態和諧統一是造就厚重與輝煌人生的必備條件。」看來低姿態為生存之態，為人生常態。唯有「低」才能看得真切，看得生動具體，才可能抓住事物的真諦。

戰場上面臨敵人槍彈襲來時，最明智的的選擇是低下身子甚至於臥倒，這樣做可以最大限度地避免危險。這說明有時「低」比「高」更適宜生存。人的一生要經歷千門萬坎，千曲百折，所經歷的事情不見得件件都適合我們的身心，更不會件件都是量身定做，這就需要不斷調整我們的姿態、心態，否則就可能碰壁。學會低姿態，該低時就低，這絕不是懦弱和畏縮，而是人生的大智慧，是修身、立身、入世、處世不可缺少的修養和風度。

秦始皇陵兵馬俑坑到今已出土清理各種陶俑一千多尊，皆有不同程度的損壞，需要人工修復，而被尊稱為秦始皇陵兵馬俑博物館「鎮館之寶」的跪射俑則保存最完整，而得以保存如此完整的原因，便是它的低姿態。因為兵馬俑坑都是地道式土木結構建築，當棚頂塌陷，土木俱下時，高大的立姿俑首當其

衝，低矮的跪射俑受損害就小一些。因此，在經歷了兩千多年的歲月風霜後，它依然能完整地呈現在我們面前。

單車競賽的選手，都是儘量彎腰低伏前進，姿態愈低，所受的逆風阻力愈小；田徑賽跑，選手起跑時也都是蹲下來，以低姿態靜待哨音衝刺。所謂「樹大招風，垂枝者勁。」人生在世，昂首與低頭，低頭的人大都受人喜愛，因為他低姿態；大聲說話和小聲說話的人，人都喜愛小聲說話的人，因為他低姿態。所以低姿態的人會有人緣，低姿態的人到處都會受人歡迎，低姿態的人令人如沐春風，大家自然也就樂於親近，樂於和他在一起了。

跋涉於人生之路，也必須學會低頭。初涉世事的年輕人，往往個性張揚，率意而為，不會委曲求全，結果可能處處碰壁。涉世漸深後，就知道輕重，分清了主次，學會了內斂，少出風頭，不爭閒氣，專心做事，學會低頭並不是妄自菲薄，學會低頭意味著謙虛，謹慎。學會低頭，就是在陷入泥潭時，知道及時爬起來，遠離個泥潭。學會低頭，就是上錯了公交汽車時，及時下車，換乘另一輛車。

人生是一場無奈又必須繼續的遊戲，所有事情的始終與結果都是我們擺出的一種姿態或造型。它們或成功，博得滿堂彩，或失敗，無人鼓掌也無人欣賞，象掩在塵埃下的陳品，無人問津。生活中有許多事無奈為之，時間磨平了激情和勇氣，讓我們變得平庸。這個時候我們需要放低姿態去學習和等待，

上帝說機會只留給那些準備充分的人。寫一份手稿，學幾句外語，或許這些都是平常的積累，但加起來足以使我們不平凡。

所以說，心身不為物累，就可以無牽無掛。外表的奢侈和舒適，並不意味著生活品質的提高，簡單生活不僅擺脫泥潭，而且能淨化心靈，培養質樸無私的開闊胸懷。生活越簡單，生命越豐富。有攀比就有痛苦，總是自我否定，自己瞧不起自己，會使人喪失信心。在滾滾紅塵和喧囂之中行走的人，不妨別去考慮自己的薪資比人低一檔，自己的聲音比別人低一度，自己的官職比別人低一級，而應抽出時間去聽聽窗外的鳥鳴，看看外面的大自然風景。人與人之間，多一份友愛，就多一份快樂，多一份平安。

作為年輕人，更是對未來充滿了憧憬和期待，這個時候需要放低姿態，去聽老人們的訴說，他們會告訴你人生的經驗和陷阱，從而使你避免走許多彎路。書上說人生有許多岔口，只有一條通向成功，多聽聽別人的意見，可以使你少鑽許多的死胡同，增加許多成功的指數。

放低姿態既是一種態度也是一種作為，學習謙恭，學習禮讓，學習盤旋著上升，這既是人生的一種品位也是最佳的保護色。

功成身退，免遭禍殃

老子說：「功成身退，天之道也。」意思是指：功業既成，

引身退去，這是合乎自然規律的。你看，這自然中就是這樣的，花開了，結了果，成功了，也就退了。老子對人生的觀察是智者的深邃，這在於他看到人生深層中的人性內核。人莫不愛財慕富，貪戀權勢，但是放眼歷史上，名與利有誰能守護住呢？歷史給人們許多啟示。

人們熟知李斯的故事。他貴為秦相時，「持而盈」、「揣而銳」，但他最後以悲劇告終。在臨刑之時，對其子說：「吾欲與若復牽黃犬，出上蔡東門，逐狡兔，豈可得乎？」他臨死時的醒悟，渴望重新返璞歸真，過平民生活，但已不可能了。中外歷史上不知有多少人曾經也有類似的後悔、懺悔。

應該說，「功成身退」表現出一種對於歷史的前瞻性，以及對於自己生存環境的清醒的、睿智的把握與預測。歷史上范蠡則是一位功成身退的正面典型人物。

據說當年范蠡幫助勾踐滅了吳國後，勾踐封范蠡為上將軍，范蠡給勾踐上書說：「我聽說主憂臣勞、主辱臣死。當年大王受辱於會稽，我之所以沒死，只是為了今日。現在是我該為會稽之辱死的時候了。」勾踐對他說：「我剛要把越國分一部分給你來酬答你的功勞，你如果不服從，我就殺了你。」范蠡知道是急流勇退的時候了，他喟然歎息說：「我從計然那裡學到的本領，已經讓越國富強了，我現在該用到自己的家上了！」於是在一個深夜，范蠡攜帶金銀細軟，帶領家人和手下，駕一葉扁舟泛於江湖，開始了經商致富之路。

他輾轉來到齊國，終於跳出了是非之地，不僅又想到風雨同舟的同僚文種對自己曾有知遇之恩，遂投書一封，勸說道：「飛鳥盡，良弓藏；狡兔死，走狗烹。越王為人，長頸鳥喙，可與共患難，不可與共富貴，你為何還不離去？」文種看到書信後，便稱病不上朝。後來有人誣告文種要造反，勾踐便賜劍一把，令其引頸自殺。

范蠡在齊，改姓換名，親自率領兒子們耕作於海邊，齊心合力，同治產業。由於經營有方，沒有多久，產業竟然達數千萬錢。齊國人聽說范蠡的賢明，要請他作齊相。范蠡卻喟然歎道：「居官致於卿相，治家能致千金，這都是布衣百姓能達到的極致了；久受尊名，終不是什麼好事！」於是，他把家財都分給親友鄉鄰，只帶著最值錢的珠寶，從小道離開了齊國，來到了陶，變易姓名為陶朱公。由於陶的地理位置很好，往來貿易非常發達，范蠡便做起了買賣，沒有幾年，又置下了千金的產業。天下人都稱讚陶朱公是最會做買賣的人。

由於范蠡的出色智慧造就了春秋晚期吳越爭霸的傳奇色彩，而范蠡本人也憑藉自己的才能，適度掌握著進退之間的步伐，後人曾經有評論說：「文種善圖始，范蠡能慮終」，相比起來，文種的結局就有些悲淒，如此更顯示出范蠡迷人的智慧之光。

居官為政，本是關乎國計民生的事體，可是古代中國的官員卻不得不考慮更多的問題，那就是如何保全自己。可惜的

功成身退，免遭禍殃

是，能善始善終的為數不多，范蠡可說是其中的佼佼者，進能助人興國，退能發家致富，進退之間遊刃有餘，更為千古罕見，因而有關范蠡的故事不免有一些神秘的色彩，其實不妨看作是後人對其智慧的嚮往。

當然「功成身退」並不一定要引身而去，遠遁深山，匿跡太湖。其實還有一種「功成身退」，即是有了大功勞也不居功自傲，不擺老資格，不吃老本，不自我膨脹。這也是「功成身退」，你不張揚，更不囂張、不飛揚跋扈，不作「老子天下第一」，人家當然尊重你，還記著你昔日的功勞。這種是高級的「功成身退」！

「功成身退」並不是中國的慣例，國外也有。美國汽車大王亨利‧福特，在他 40 歲時，成功地推行薄利多銷的經營策略，創造了福特公司日產汽車七千輛的輝煌。但福特在中年以後就退隱了。他在故鄉營造了一個住所，在那裡和家人一起過著清閒的日子。他在這安靜、愜意的農莊度過了 32 年安靜、舒服的日子，一直活到 83 歲才去世。這位當時在美國數一數二的巨富，家庭生活卻令人難以相信的儉樸，據說只用 5 個僕人和半個洗衣工人。但他曾以 700 萬美元捐助一所醫院，又降低貨價，提高工人工資、紅利，收容傷殘，福特公司收留的殘疾工人近萬名。這也是一種功成身退，也是一種人生的成功！

老子說過：「禍兮，福之所倚；福兮，禍之所伏。」所以凡事都要注意辯證地看問題，一個人沒有發達時，不能看輕了自

七、知足不辱，知止不殆

己，要對自己充滿信心。當自己處在位高權重之時不要過於看重自己。因此，得意時及早回頭，在事情做好之後，不要貪權位名利，不要尸位其間，應該把握好度，收斂意欲，適可而止。

宋代著名文學家歐陽修有這樣的詞句：「定冊功成身退勇，辭榮宏，歸來白首笙歌擁。」意即一個人在成就了功名之後，就應當身退不盈，這才是長保之道。

吃虧就是占便宜

低調的人對待得失，很喜歡用一句話來輕描淡寫：「吃虧就是占便宜」，也許你會譏笑說，這是阿Q式的自我安慰，難道真是如此嗎？

有的人看起來精明強悍，「寧可我負天下人，不願天下人負我」是他們做人的宗旨。老是想著揩別人的油水，自己吃一點虧就大喊大叫，其結果反而總是吃別人的虧，一輩子受盡了窩囊氣；他們總想昂首站在別人的頭上，向世上炫耀他是多麼了不起，結果他卻總是受別人的欺負和嘲弄；他們自以為是其他一切人的主人，而結果卻比起其他一切人更是奴隸。

而有的人則遇事都首先選擇自己吃虧，結果往往占盡便宜；寧可委屈自己也不願委屈他人，其結果反倒能揚眉吐氣；向社會只求奉獻不求索取，結果卻從社會中獲得了更多利益處；從來不把自己凌駕於他人之上，結果卻贏得了大家一致的尊敬與愛戴；從來不與別人爭權奪利，結果他沒有一個競爭對手，在

社會上獨領風騷。

世上沒有白流的汗，你每一次努力邁出一小步，日積月累，就會在以後漫長的日子裡讓你實現大距離的跨越。不要覺得多付出一點就是吃了虧，吃虧也是需要舞臺的，沒有了舞臺，你到哪裡去發揮呢？

一位患胃潰瘍的病人，正為沒有錢去醫院治療而發愁，他的一位朋友告訴他，則廣告說，有一家專治胃潰瘍的診所，為患者提供免費治療。晚上，那位病人真的看到了那則廣告，廣告裡講：「你是不是得胃潰瘍了？如果是的話，那麼你現在就該和醫生約定時間前去就診。你如果被確診為胃潰瘍，你將得到免費治療，而且，你每次到這裡治療時，還將得到診所付給的25美元的報酬。」

千真萬確的電視廣告，給這位經濟上十分貧困的患者帶來了福音。第二天一早，這位患者就來到電視裡介紹的伍德曼——珀卡爾診所。他看到許多和他一樣慕名而來診治的病人，已坐滿了這間本來就不太寬敞的屋子，兩位戴眼鏡的醫師，正在和藹地詢問著病人的病情，這位患者看到，被確診為患了胃潰瘍的病人，真的從服務小姐那裡領取了25美元的報酬。

為什麼會出現付錢給病人的奇特診所呢？伍德曼是一位不註冊的藥物製造商，他的合夥人是個取得了化學博士學位的化學家珀卡爾。他們看到，時下胃潰瘍病流行，患者很多，如果與別人一樣來收費治療胃潰瘍，即便是首屈一指的醫療機構，

也難以在激烈的市場競爭中求得生存和發展。何況他們僅僅只有一間實驗診所，為了招來更多的胃潰瘍患者，他們創辦了這家獨具風格，付錢給病人的診所。

診所剛剛開張營業，患者便蜂擁而來。按照常理，這樣的賠本生意，診所豈不注定要關門嗎？原來，診所透過幫胃潰瘍病人診治，可以獲得大量可靠的第一手醫療研究資料和資料。利用這些資料和資料，可以爭取儀器與藥物管理局批准製造新產品。藥物實驗室每實驗成功一種新藥物，兩位經營者便可以獲利 500 萬美元，可見伍德曼——珀卡爾診所確實是捨小取大的大贏家。由此看來，吃虧真的是一門學問。

有一個大學生，剛畢業就找到一個很有名氣公司的工作。他的脾氣非常好，不管是什麼事情，只要你找他幫忙，他不管活有多累多重，都會欣然應允，有人笑他傻，憑他的文憑，做經理都不成問題，但他竟然有時還幫阿姨送報紙，甚至送印刷品，但他每次都笑著說：「其實吃虧就是占便宜」果然，在兩年以後，這個大學生很順利地開了自己的公司，而且有很多公司聘他做兼職經理，這時有人問他成功的秘密，他還是笑著說那句話「吃虧就是占便宜」。原來，正是由於他有機會接觸公司的各個階層，所以不但對公司各個部門的運行瞭若指掌，還知道每個階層人的想法，這為他以後自己開公司做了很好的基礎。

吃虧就是占便宜，我們應該記住，這是積累工作經驗，提高自己做事能力，擴大人際關係網路的最好辦法。如果樣樣都

想占便宜，那最後一定會吃虧，而且還可能吃大虧。

其實我們總是在抱怨機會沒有垂青自己。但我們忘記了，機會對每個人都是平等的，就看我們能否去發現他，抓住他。天下沒有白吃的虧。與我們交往的大多數無非都是普通人，在人際交往中都遵循著相類似的原則。我們所給予對方的，會形成一種社會存儲，而不會消失，一切終將以某種我們常常意想不到的方式回報給我們。

多做一些，是證明你可以在另一個舞臺上表現自己，讓你認識到自己另一方面的能力，也許你會從中找出更多的機會，你人生的道路可以多一次選擇。人生也是一種投資，今天你投入的多，運作得當，將來你就收穫得多。如果你不肯投入，不願付出努力，你將注定一無所獲。

成功是最公平的，它不管你吃虧沒吃虧，它只知道你付出，它不以金錢作為計量單位，你心智的成熟、人生閱歷的增長，在它那裡有完善科學的指數，它給你最公正的打分。但機會卻是調皮的，它願意光顧那些吃虧的人，他們的每一次努力都是在接近機會。吃虧就是占便宜，才是大智慧。讓我們記住這句話，它將對我們以後的人生，有莫大的幫助。

戒驕戒傲，低調做人

古語云：「欲成事，先成人」，而低調做人更是智者之舉。低調如同謙虛，謙虛是美德，適時地低調也是美德，是對他

人的尊重。

有很多人，或老一輩留下豐厚的家業，或是富商子女，或考上了某某知名大學，便有了一種優越感，往往不太在意他人，不尊重他人。言談舉止總有不可一世的感覺，時時處處都會自覺不自覺地顯示高人一等，更勝一籌的做派。有時他並不想顯示，可是在關鍵場合他還是不自覺地流露出來。久而久之，也就霸氣逼人，盛氣凌人，傲氣欺人了。其實，人不要將優越感時刻放在心上，一旦有了優越感，那災禍也就為期不遠了。

也許別人並不在意你的優越，但就是在乎你優越的感覺；也許別人可以容忍你的一次傲氣，但不能永遠容忍你的傲氣；也許某一個人可以長久容忍你的傲慢，但不是所有的人都可以長久容忍你的傲慢。你的每一次傲慢無異於給自己設置了一個陷阱，到後來你就處於你自己布下的天羅地網中。也許在你傲慢的地方你得意了，但在另外一件事情當中，你可能永遠處於困窘之中。也許你並沒有輸給某一個人，但所有的人自覺不自覺的聯合起來，會使你輸得一敗塗地。也還是因為你有優越感，你總喜歡對他人頤指氣使，指手畫腳，品頭論足。常言道，言多必失。也許你並非有意，也許你並無惡意，也許真理真在你這一邊，但別人還是受不了，因為你太驕傲。

當今社會，與人相處，只要稍有點處理不當，就會招致不少麻煩。輕則，工作不愉快；重則，影響職業生涯。因此，與

戒驕戒傲，低調做人

人相處，關鍵是要學會低調！這是個浮躁的年代，做生意的總想著一夜暴富，做官的做夢都是一步登天，連作學問的也不倖免，學術作假中外不鮮。在這浮躁主流中，誰能保持低調，淡泊以明志，寧靜以致遠，誰便與成功相距不遠。

人的學問和氣度是成正比的，成大事者，大學問家，有幾個不是「十年磨一劍」。珍珠放在豬糞裡終有再現光彩的時候，是金子總有發光的一天，需要的是時間和機遇，而現在的人卻等不急。古語云：「不患人之不己知，患其不能也」，現在似乎正相反，就怕人不識貨，剛有所成就，就忙著推銷自己。

孟買佛學院是印度最著名的佛學院之一。這所佛學院之所以著名，除了它的建院歷史久遠、輝煌的建築和培養出了許多著名的學者之外，還有一個特點是其他佛學院所沒有的。這是一個極其微小的細節，但是，所有進入過這裡的人，當他再出來的時候，幾乎無一例外地承認，正是這個細節使他們頓悟，正是這個細節讓他們受益無窮。這是一個很簡單的細節，只是許多人都沒有注意：孟買佛學院在它的正門一側，又開了一個小門，這個小門只有一米五高，四十釐米寬，一個成年人要想過去必須彎腰側身，不然就只能碰壁了。

這正是孟買佛學院給它的學生上的第一堂課。所有新來的人，教師都會引導他到這個小門旁，讓他進出一次。很顯然，所有的人都是彎腰側身進出的，儘管有失禮儀和風度，但是卻達到了目的。教師說，大門當然出入方便，而且能夠讓一個人

很體面很有風度地出入。但是，有很多時候，我們要出入的地方並不都是有著壯觀的大門的。這個時候，只有暫時放下尊貴和體面的人，才能夠出入。否則，就只能被擋在院牆之外了。

並不是所有的人都是佛教徒，但是同佛教徒一樣，都要走完自己的人生之路。而要使自己在人生旅途中一帆風順，少遇挫折，學會「彎腰、低頭、側身」，對每個人來說都是一門必不可少的修煉。而低調做人正是這種修煉的最佳境界。

低調不是自卑自賤，是有傲骨而不顯傲氣，自信而不自傲，是給自己留有餘地。不張揚，成功了會有驚喜，失敗了也不會招來冷語。低調一點，也可以少一點壓力，活得輕鬆。而過於高傲，往往無法立足。人都會犯錯誤的，但有些精英人物不行，他們把威信建立在別人對他過高的期待上，一旦計畫落空，就失掉了從上而下的信任，這就是所謂的精英潰敗論。

低調不是目的，低調是「不敢為天下先」的獨善其身的人生態度。不飛則已，一飛沖天；不鳴則已，一鳴驚人。少年得志的人，輕者恃才傲物，甚者不思進取，還要遭人嫉妒，而低調不會處處碰壁。低調求勢，積累了一定的勢，才能把足夠強大的潛能轉化為動量

低調做人是一種境界，一種風度，一種修養，一種去留無意的胸襟，一種寵辱不驚的情懷。甘於低調做人者，總能以平常心面對喧囂的世界，紛擾的人群。在為人處世上從不表現出驕慢、賣弄和過分張揚的姿態來，而是把自己的舉止言語融

入常人當中，並始終把自己看作是社會上普普通通，實實在在的一員。

所以，凡事要保持一顆平常心：成功不值得驕傲，那不過是人生的一個驛站，你還不知道走出驛站的下一步是什麼；失敗不值得傷心，那不過是一不小心走錯的一段路，糾正方向從頭再來；失意不要沮喪，一年四季裡，有風和日麗也有雷電交加，要明白，只有狂風大雨才能一洗空氣中的塵埃。

不為過頭事，不存不足心

人常說；「不做過頭事，不存不足心」。人與人交往中，常常可以發現，有的人能夠在交際圈內遊刃有餘，進退自如。而有些人卻常常被動，進退維谷。其中原因是多方面的，但無疑與他們不善於低調做人做事，不善於在待人處事中留有餘地有一定的關係。

田單做齊國的宰相時，有一次過淄水，有老人渡水過河，被凍得打顫，田單解下皮衣給老人穿，引起了齊襄王的反感，說：「田單這樣施惠於人，是不是想奪取我的江山？不早些準備，恐怕他就要先下手了。」田單知道後，很恐懼，一個以串珠玉為生的匠人對他說：「我可以為您求解脫。」

於是他去對齊襄王說：「大王不喜歡宰相做好事，這會搶奪您在百姓心中的地位。您不如表揚田單的慈善，下令說：『我擔心有人在挨餓，田單就收容饑民到府上；我擔心有人在受凍，

田單就脫下自己的皮衣給他們穿。他的這種行為使我很滿意。』田單做了這樣的好事，大王能表揚他，這樣一來，感激田單做好事，也就等於大王做了好事，人民就要感謝您了。從此以後，人們在街談巷議時都說：『田單所以會愛擁民眾，那是大王教導的結果呀！』」

做事就像出售貨物一樣，貴到極點，就意味著必然要降價。做事也是這個道理，所謂「否極泰來」，「物極必反」。

狄青是宋代名將。他任樞密使的時候，非常愛惜士兵，士兵們每次得到軍衣、軍糧，都說：「這是狄家爺爺賞賜給我們的。」朝廷對此極為不滿。當時文彥博在中書省執掌政事，他建議派狄青做兩鎮節度使，讓他離開京城。狄青向皇上陳述說：「我沒有功勞怎麼能接受節度使這一職權呢？我沒有犯罪，為什麼要把我調到遠離京城的地方去呢？」仁宗皇帝認為他說得有道理，就向文彥博轉述了狄青的話，並說狄青是個忠臣。潞公說：「太祖（趙匡胤）難道不是周世宗的忠臣嗎？但他得了軍心，所以才發生了陳橋之變。」

仁宗嘴上沒有說什麼，但心裡卻十分同意。狄青卻一點也不知道這些事，又到中書省找文彥博為自己辯解。文彥博直視著他回答說：「沒有別的原因，是朝廷懷疑你了。」狄青一聽此話，驚恐得倒退了好幾步。狄青離京做了節度使，朝廷每月兩次派遣宮中的使者去慰問。狄青每次聽到使者來，就整日疑心重重，不到半年就驚懼身亡了。

不為過頭事，不存不足心

歷史的經驗告訴我們，在待人處事中，萬不可把事做過，要時時處處低調行事，為自己留下可以迂迴的餘地，就像行車走馬一樣，你一下賓士到山窮水盡的地方，調頭就不容易，以至於把你摔得粉身碎骨，後悔晚矣。

《紅樓夢》中的平兒，雖說是鳳姐的心腹和左右手，但在待人處事方面，始終注意為自己留餘地留後路，既沒有犯鳳姐兒所說的「心理眼裡只有了我，一概沒有別人」的錯誤，更不像鳳姐兒那樣把事做絕。平兒對於眾人決不以權仗勢，趁火打劫，而是時常私下進行安撫，加以保護。一方面緩解和化解眾人與鳳姐的矛盾，另一方面順勢做了好人，為自己留下餘地和退路。鳳姐死後，大觀園一片敗落，平兒卻多次獲得眾人幫助渡過難關，終得回報。

當今社會，人們的生活水準逐漸提高，人與人的交往、情感方面也發生了很大的變化。以爭強好勝取代親和，以爾虞我詐取代相互關愛，以實力競爭取代謙讓。社會由不得你以一種墨守成規的姿態迎接挑戰。要保護自己，使自己在這樣的環境中不受傷害，就要在這方面多下功夫，特別是在待人處事上，善於給別人發揮的機會，善於在眾人之中給自己留有充分的餘地。

也許出於人類原始本能的貪婪慾望，對生活懷有過高期望的人很多，在這些人眼裡，人生不如意之事十之八九，無論大事小情，都沒有滿意的時候，以至於經常與鬱悶、煩惱為伍！

七、知足不辱，知止不殆

做起事來便失去理智，不給自己留餘地。其實，在很多情況下，人的快樂和煩惱的轉換也只在一念之間。只需要換個角度看問題，只需要降低一點自己的期望值就可能會給自己帶來好心情，大可不必遇事就煩。常言道：知足者常樂！這句話道出了保持快樂的真諦！

在生活中，一件兩件事情可能容易滿足，要想對生活的許多方面都保持滿足的心態是非常不容易的，這就對我們的個人素質和意志品質的修養提出了更高的要求。知足，應該是一種主動的心態，是一種反映了哲思的智慧，而不是消極的逃避。要做到知足，首先要對「名」、「利」有正確的認識，背上了「名」、「利」的包袱基本上就無法知足了。斤斤計較、過於精明而總是算計別人的人是做不到知足的，要學會算「做人」的大帳，吃得起虧。

我們常聽到有人說「為什麼受傷害的總是我呢」，其實，好好反省一下自己，自己是不是有許多不滿足的時候，自己的言行，自己所做過的事，是不是過了頭，是不是處處把自己擺在別人之上。如果你心存不足，就容易把事情做絕，就不會考慮給自己留下後路。自然，受傷害的就是你。

社會高速發展，人與人之間在這樣的環境中延續，仍然需要寬容、謙讓。看重別人才能善待自己，只有大家合力社會才能和諧。一旦你掌握了這些處理人和事的原則，自然就會化解許多矛盾，會獲得成功的滿足，也會感覺到充滿自信！你也就

拿到了快樂的鑰匙。讓我們學會做事留有餘地，學會滿足，牢牢抓住快樂的手。

未思進，先思退

羊是一種比較愚笨的獸類，走路時不顧前後，角很容易觸到籬笆上面，夾住而進退不得。虎是兇猛的獸類，騎上虎背就不容易下來，因為下來就有被它吞噬的危險。這就是所謂的騎虎之勢。同樣，人在每前進一步的時候，需要看有沒有退後的路，凡事著手的時候，先要看看放手的機會，這樣才能避免進退維谷之勢、騎虎難下的危險，才可免致災禍上身。

任何事都有個度，「官大擔險，樹大招風」「否極泰來，物極必反」都說明了這個道理。一個人的爵祿官位到了一定程度就必須急流勇退，古代開國功臣大多被殺的一個很重要的原因在於不能急流勇退。可惜很多人不懂這個道理。最典型的要屬「漢初三傑」，幫劉邦打下天下後，結局卻不同。因此司馬光才不無感慨地說：「蕭何繫獄，韓信誅夷，子房托於神仙。」其實，何止在做官上應知進退，其他事同樣應知進退深淺。人和人只要在一起就會產生矛盾，因利益之急，因嫉妒之心，因地位之懸，因才能之較都可能結仇生怨，故做人處事最重要的是把握好尺度。

懸崖勒馬、江心補漏固然是對危局的補救措施，但畢竟已處於進退兩難的尷尬境地。騎虎之勢已成，世事不由自己，

七、知足不辱，知止不殆

至此悔恨都已晚矣。假如人凡事都駑馬戀棧，不能在權勢頭上急流勇退，到頭來難免像山羊觸藩一般弄得災禍纏身。做事要胸中有數，不要貪戀功名利祿，不要做無準備之事；做事要隨機應變，隨勢之遷而調整。做事是為了成事，一股勁猛進不可取，猶猶豫豫也不可取，應當知進知退，有張有弛，居安思危，處進思退才是行事的方法。要處進思退，有時不僅需要智慧，更要敢於付出代價，有壯士斷腕的勇氣。

曾國藩自請解散湘軍，就是其處進思退的經典之作。曾國藩是在清朝鎮壓太平天國起義的過程中崛起的，他編練湘軍，在八旗軍無能為力的時候獨力支持局面。太平天國起義被鎮壓下去之後，曾國藩被封為毅勇侯，世襲罔替。這時的曾國藩可謂功成名就，風光無限。但他頭腦非常清醒，時時懷著戒懼之心，居安思危。

隨著地位的節節上升，他並未飄飄然，相反卻感到十分惶恐。他想的不是安享成績和名利，而是擔心功高招忌，遭到兔死狗烹的厄運。他寫信給其弟曾國荃，囑勸其將來遇有機緣，儘快抽身引退，方可「善始善終，免蹈大戾」。曾國藩明白，太平天國被鎮壓下去之後，清廷已經對他多有猜忌，因為他擁有強大的一支軍隊，朝廷卻難以指揮調動。滿清大臣是不會放過這個問題的。如果讓他們來解決，不僅湘軍保不住，他自己的下場也難以預料。

於是，曾國藩主動上摺給清廷，說湘軍成立日久，已無昔

日之生氣，而且沾染了舊軍隊的惡習，奏請將湘軍裁汰遣散。他想以此表示：曾某人無意擁軍，不是個謀私利的野心家，是位忠於清廷的衛士。同時，他在奏摺中雖然請求遣散湘軍，但對他個人的去留問題卻是隻字不提。因為他知道，如果自己在奏摺中說要求留在朝廷效力，則有貪權戀棧之疑；如果在奏摺中明確請求解職而回歸故里，則會產生居功要脅或者認為他不願繼續為朝廷效力的猜疑。正在朝廷考慮如何解決這個問題時，曾國藩的主動請求，正中統治者們的下懷，於是下令遣散了大部分湘軍。由於這個問題是曾國藩主動提出來的，因此在對待曾國藩個人時，仍然委任他為清政府的兩江總督之職。這也正是曾國藩自己要達到的目的。

任何時候，在追求成功的路上，事業發展到頂峰以後，就會向相反的方向發展。古人云：「功成，名遂，身退，天之道也。」這是官場和職場上的普遍規律，也是值得戒懼的另一個方面。地位與權力互為表裡，地位所在必有權力之爭。一旦功高蓋主，使領導感覺到自己的位置受威脅，那麼你就難免會成為這場權力爭鬥的犧牲品。要避免這種悲劇的發生，處進思退就成為人生智慧一個不可缺少的方面。

所以，事到高歌猛進的時候，不妨轉思退步，如果不能處進思退的話，付出身家性命事小，讓一生為之奮鬥的英名也為之葬送就划不來了。像商鞅、李斯、文種、吳起，以及後世的韓信等人算是運氣好的了，雖然不能善終，但總算青史有名，

後代流芳，而那些因不得善終而湮沒於歷史的沉跡之下，不為人所知的英雄豪傑，又有多少呢？

其實處進思退的道理也並非多麼深奧，只可惜世人多是識得破，做不到。往往在嘲笑前人因此而殺身破名的同時，而自己也正在步其後塵，落得個身敗名裂的下場。處進思退是一種回避，避開矛盾激化的可能性，避開那種必然會造成的令人痛心的局面；同時它也是一種保留，是在一生奮鬥到頂點，眼看著要走下坡路時戛然而止，斷然結束奮鬥進程，全身而退，保留曾經的輝煌記憶。

處進思退並不是捨棄如火如荼的生活主流走遠，更不是強求不食人間煙火的脫俗，而是一種率直的生活理性，一種近乎平淡卻真摯的人生態度。凡知退者，均是能夠看清世事的人，退是種策略，也是種胸懷，更是一種洞穿利害、以退讓韜晦來謀求禍福轉化的智慧，是對利害禍福的高瞻遠矚，是不執著於一時得失之中的達觀。

未思進，先思退

電子書購買

國家圖書館出版品預行編目資料

你多厲害,真的沒人在乎:沒有知心好友、超
容易被討厭?就是因為你太囂張!/ 林庭峰著.
-- 第一版 . -- 臺北市:崧燁文化事業有限公司,
2021.07
　面；　公分
POD 版
ISBN 978-986-516-644-1(平裝)
1. 修身 2. 生活指導
192.1　　110005730

你多厲害，真的沒人在乎：沒有知心好友、超容易被討厭？ 就是因為你太囂張！

臉書

作　　　者：林庭峰
發 行 人：黃振庭
出 版 者：崧燁文化事業有限公司
發 行 者：崧燁文化事業有限公司
E-m a i l：sonbookservice@gmail.com
粉 絲 頁：https://www.facebook.com/sonbookss/
網　　　址：https://sonbook.net/
地　　　址：台北市中正區重慶南路一段六十一號八樓 815 室
Rm. 815, 8F., No.61, Sec. 1, Chongqing S. Rd., Zhongzheng Dist., Taipei City 100,
Taiwan (R.O.C)
電　　　話：(02)2370-3310　　　傳　　　真：(02) 2388-1990
印　　　刷：京峯彩色印刷有限公司（京峰數位）

定　　　價：330 元
發行日期：2021 年 07 月第一版
◎本書以 POD 印製